DANIELE BERGAMINI

Canti per Amore

Progetto, testi, illustrazioni e copertina di
Daniele Bergamini

Questo libro utilizza il font gratuito
EB Garamond

DEDICA

Oh, mio bene!

Questo è per te,
per quando avesti parole
come uno specchio generoso
in cui guardai
e scorsi
un me stesso migliore
di quello nel quale
a volte credo

INDICE

PREFAZIONE (A DOMANDE E RISPOSTE)

D: Com'è nato, questo libro?

R: Un paio di anni fa' approdai su Instagram per pubblicizzare un mio progetto, due linee di abbigliamento che ho disegnato con parole ed immagini.

Una volta là, finii con l'imbattermi in, ed entrare in contatto con, un'intera comunità di scrittrici e scrittori, poetesse e poeti (prevalentemente da India e Pakistan) molto attiva su Instagram.

Prima che me lo domandiate: sì, scrivono sulle immagini (o, eventualmente, nelle relative descrizioni) e... perché lo sappiate, lo faccio anch'io!

Perché, dopo tali contatti, scoprii in me stesso una vena poetica che non avevo mai realmente esplorato (prima, ero solito considerarmi più uno scrittore, o, marginalmente, un autore di canzoni).

All'inizio del 2017 ho avuto una delle mie tante idee: mi sono chiesto se avrei potuto scrivere una serie di poemi, come poeti di un passato remoto avrebbero potuto fare, sull'amore.

Ho provato con uno, ho provato con un secondo... e nel giro di 52 giorni ho finito con lo scriverne 100.

D: Cosa ti ha ispirato, specialmente?

R: Mi sono ritrovato ad essere specialmente ispirato da un immaginario arabeggiante.

Mi piace fantasticare sulla possibilità che questi canti siano stati trovati in una biblioteca, forse raccolti in ciò che asserisce di essere la copia di una copia di una copia di un antico manoscritto... o, forse, persino quel manoscritto stesso, ritrovato in un sito archeologico, scavando le rovine di un antico palazzo, e, in qualche modo, preservato dal tocco sbiadente del tempo.

D: Chi ha scritto, chi ha composto questi canti?

R: Io, naturalmente. Ma, nel contesto che ho immaginato, chiunque.
Noterete una varietà di sfumature.

Per la maggior parte questi poemi sono semplici, senza andare alla
ricerca di parole o metafore sofisticate.

In alcuni lo faccio (entro i miei limiti, naturalmente; in mani
migliori, le stesse idee sarebbero fiorite molto meglio...), ma
leggermente e raramente.

C'è, spero, qualcosa per tutti.

D: A chi sono rivolti?

R: Ho intenzionalmente mantenuto un formato in prima persona
singolare, con dedica ad una seconda persona singolare.

E, ad eccezione di pochi casi, questi possono essere dedicati da
chiunque, a chiunque.

Personalmente... molti di questi riflettono la mia situazione, di chi
sta aspettando l'amore...

I. Attesa

*"Ma, e se tu venissi, e te ne andassi
dopo aver trovato la porta chiusa?
Quando arrivi?"*

Canto n° 2 "Il tuo nome benedetto"

Il destino gioca trucchi crudeli
contro la mia mente inconsolabile,
nascondendo alla mia conoscenza
la melodia del tuo nome

Giorno e notte
chiamo
ogni elegante ed incantevole
cosa, uccello, fiore, luogo, stella, angelo e virtù
che l'uomo conosca,
in ogni lingua nata da Babele

E mentre chiamo,
notte e giorno,
il mio palmo giace sul mio cuore,
il solo sul quale io possa confidare
che mi farà conoscere,
per certo,
con un rombo
come tuono tumultuoso,
quale sia il tuo nome benedetto

Canto n° 61 "Come dovrebbe essere?"

Quando dico loro
per quanto a lungo
ho atteso il tuo arrivo,
tutti mi danno consigli
per aiutarmi a riconoscerti

Un bambino, con la faccia troppo sporca,
e troppo poco cibo nella pancia, dice,
"Deve abbracciarti, nutrirti, e prometterti
di non abbandonarti mai per la strada,
con nient'altro che la tua stessa ombra,
che ogni sera si trasforma in un mostro,
a farti compagnia"

Una bella ragazza, con grandi gioielli ai lobi, sussurra,
"Deve avere bellezza, e gentilezza,
e trattarti come se tu fossi
l'unica luce nella vita"

Una vecchia donna, pelle rugosa come roccia,
carica di memorie,
leggera di speranze, suggerisce,
"Deve essere forte, e con radici solide:
un albero deve dare frutto, per non essere abbattuto"

Un angelo luminoso venne giù dal cielo
e proclamò,
"Dio chiede: - Dimmi, come dovrebbe essere? -"
Risposi,
"Spero soltanto, per me, di essere
chi il mio amore possa volere
e cercare"

***Canto n° 103 "Il momento giusto"**

Ogni momento può essere quello giusto,
perché tu, finalmente, arrivi

Eppure, non è ancora giunto

Ti sto ancora aspettando,
con i miei occhi che fissano,
cocciuti, indiscreti,
le ombre in movimento

E mi domando:
se il momento appena perduto
non è stato propizio,
è forse mio, il biasimo?

Cosa dovrei fare?

E se guardare ed aspettare,
trattenendo il respiro,
lo indispettisse,

Come un prestigiatore insicuro,
che non può eseguire il suo trucco
fino a che continui a fissare
le sue mani tremanti?

Canto n° 83 "Tante, brevi attese"

Attendo la Luna per tutto il giorno,
con il pretesto che il Sole mi acceca gli occhi

Quindi aspetto il Sole,
temendo cose che si annidano nell'oscurità

Attendo che la pioggia mi lavi,
quando la mia faccia è incrostata di fango

Ma presto aspetto la sua fine,
altrimenti altro fango non potrà attecchire

Attendo il pranzo,
poi non sopporto neppure la vista del cibo

Bramo il silenzio,
quindi anelo qualcuno con cui parlare

Riempio la mia vita
di tante, brevi attese
per distrarmi
da quella del tuo arrivo,
che sembra richiedere un'eternità...
ma che verrà, spero... vero?

Canto n° 65 "Proprio nel mio grembo (La loro promessa)"

Ho follemente annusato
ogni cespuglio di rose, iris e lillà,
ma senza mai riconoscerti

Eppure, a volte, non ho nemmeno osato,
temendo le api e le vespe

Ho spiato costellazioni fioche,
con strumenti che non riuscivo a comprendere;
la loro ambigua lingua prevedeva
sia vittoria che sconfitta,
ed io, sorridendo arrogante alla battaglia,
tornavo sempre strisciando, dolorante

Ho cercato in salmi ed inni,
e letto, nel cammino di una montagna,
la via verso ciò che volevo, ma allora,
io, come uno schiavo che indossa la corona del re,
dimenticai la gratitudine
verso Chi, solamente, può muovere i cuori

Hanno sentito ululare, me,
trenta e tre volte mille nomi
giù per pozzi secchi, in gusci abbandonati,
ma ora non mi è rimasto nulla più
che una gola dolorante ed occhi arrossati

Dicono che dovrei smetterla,
per una volta,
di volerti ed aspettarti,
e di scavare sentieri
con le mie scarpe consumate

Proprio allora
- è la loro promessa -
tu cadresti
proprio nel mio grembo!

Ma, e se, quel giorno,
io, con il mio cuore tutto avvizzito,
mi allontanassi
senza voltarmi indietro?

Canto n° 54 "Direzioni"

Scruto davanti a me, accigliandomi,
nella nebbiosa sfera di cristallo
di un enigmatico indovino,
ma l'offuscata ombra che vedo
potrebbe appartenere a chiunque

Occhieggio alla mia sinistra,
tra la folla, sparsa
e che fluisce per ogni dove:
se tu fossi tra loro,
come potrei mai riconoscerti?

Fisso l'arduo cammino alle mie spalle:
siamo mai stati a due passi, forse, per una volta,
ma guardavo altrove,
o, pur trovandoti, ho lasciato che te ne andassi,
non riconoscendoti?

Occhieggio alla mia destra,
alle lapidi delle mie illusioni,
ciascuna che nutre un fiore
che dà polline amaro, e
lezioni nel loro criptico linguaggio

Guardo a terra
e mi domando
se dovrei rinunciare
a questa speranza moribonda,
e seppellirla,
come abbatti e bruci un albero
che cresce e cresce,
ma non dà mai frutto

Contemplo gli abissi lassù,
la cui estensione non posso immaginare
senza vacillare:
perché sembra più facile
trovarti in quei deboli fuochi,
che su questa palla di materia
sulla quale vaghiamo?

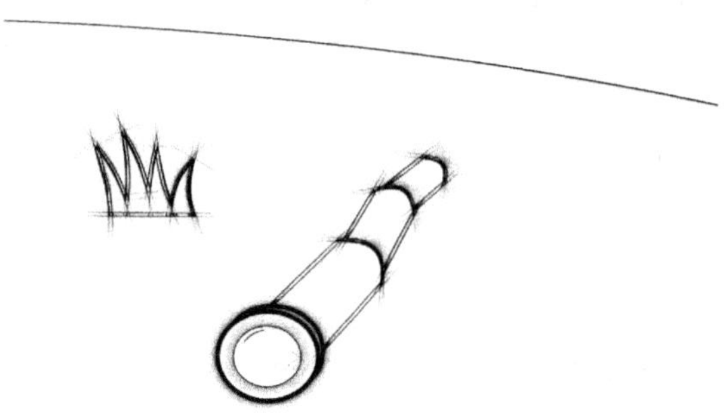

Canto n° 68 "È finito prima"

Non c'è viottolo, né soglia, né cortile
che non abbia impolverato
con gli echi dei miei lamenti

Come posso mantenere la calma,
quando ho smarrito il tuo messaggio?

Non appartengo ai morti!

Ho cercato sotto, sopra, dietro e dentro
ogni mobile, vestito e cosa

Sotto ogni mattonella

Sono così folle,
da perdere la tua lettera nella mia stessa casa?

Mi hanno domandato chi l'abbia mandata

In preda allo scoraggiamento,
ho dovuto ammettere
che non lo so

Il sogno è finito
prima che il tuo nome
potesse essere
rivelato

Canto n° 81 "La visita"

Il modo nel quale le tue labbra e la tua lingua,
morbide, umide, insaziabili,
sono catturate e rapìte,
in un'inarrestabile e furiosa stretta con le mie,
che nessuno vuole vincere o perdere

Il modo in cui la tua carne riempie
le coppe dei miei palmi,
offrendo se stessa
sotto il tuo euforico ordine
a queste mani impazzite
che esplorano i meandri
del tuo incalcolabile tesoro,
come un ladro
troppo rapidamente trasformato
in un re

Il modo in cui i tuoi sussurri
mi tormentano orecchie, testa, viscere, midollo,
la mia stessa consapevolezza di me,
dipingendomi celestiale,
così stupendamente che
quando smetti,
a significare che lo intendi,
ti imploro, in lacrime,
di dirmi di più

Poi mi dici altre parole,
ma sgraziate, ruvide,
la tua voce
divenuta tanto spiacevole
quanto graffiante

Perché?!
Che accade?!
Chi sei tu, davvero?!

I miei occhi, increduli,
si aprono
sulla mia solitudine

Trovo che le mie labbra conservano
il sapore di cibi piccanti,

Trovo le mie mani a perquisire
la lana di una vuota, ruvida coperta,

Trovo le mie orecchie ferite
dal chiacchiericcio giù nella strada
e da quell'insolente strillo

Mi mordo le mani!
Ululo!

Torneresti a visitarmi,
se mi addormentassi ancora?

Canto n° 78 "Vento del deserto"

L'amore è come un vento del deserto

Ora tira manciate di sabbia
contro la tua faccia,
per accecarti e farti lacrimare

Ora ti porta petali sbiaditi, da lontano,
per prometterti un verde giardino
che non può lasciarti trovare

Ora raduna montagne nel cielo
che rovesciano oceani su di te, ed ora
le spazza via, come se nulla fosse

Ora ti trascina con sé, lontano dalla terra,
come se degli angeli ti trasportassero, ed ora
ti schianta sulla sabbia come per seppellirti

Ed ora mi porta un canto
Sei tu? Dovrei seguire il suo incanto
e cercarti nelle lande selvagge?

*Canto n° 119 "Il mio cuore giura"

Il mio cuore giura
che devi essere là fuori,
da qualche parte

Ed io, come uno schiavo obbediente,
come uno zelante discepolo,

Ho cercato sotto alle montagne
ed oltre le stelle ed i mondi lontani,
ma non sono stato capace di trovarti

Oh, il cipiglio glaciale del mio cuore,
quando mi accusava
di non aver cercato abbastanza
e di non aver pregato abbastanza

Ed è stato ed è ancora come se cadessi
e non toccassi mai il fondo,
e come se mi perseguitasse
un fato che mi prende in giro

Ogni singola volta

Ora il mio cuore ha cominciato a dire
che non può escludere
di essersi sbagliato,
per tutto questo tempo

Guarda le mie ferite
e si lamenta su di esse

Canto n° 28 "Mi fissano"

Giro e rigiro
come una trottola
quando danzi intorno a me
incatenando i miei occhi ai tuoi

E rido e rido
e rispondo con godimento
alle tue battute di spirito

E gemo con piacere
quando le tue dita mi passano fra i capelli
e mordicchi i lobi delle mie orecchie
e mi sussurri il tuo desiderio

(Nella mia immaginazione)

Mi fissano

Con paura

Sto

Io

Precipitando

Nella

Follia?

*Canto n° 109 "Supplica d'Autunno"

Il Sole non interrompe mai
la sua maestosa corsa nel cielo,
e le ombre marcianti
si allungano ed accorciano
dai nostri piedi,
per ricordarci
dell'inevitabile caduta
appesa ai nostri giorni

Vedo la mia giovinezza
scivolare via,
come da un albero
che si arrende
all'Autunno che rende umili

Ma non ci sarà
un'altra Primavera, per me,
dopo l'Inverno che già sento
mordere e masticare
nelle mie ossa

Tremo, più che se
la neve mi ricoprisse,
all'idea che tu
non sia qui,
non ancora

Non conosco nemmeno il tuo nome,
eppure la mia lingua
inciampa su ogni parola,
dubitando che possa condurmi
ad assaporare
il modo in cui il mondo ti saluta

Non conosco nemmeno il tuo viso,
il colore dei tuoi occhi,
e allora, esploro l'arcobaleno,
domandandomi se
possa avere indizi per me

È persino destino che tu giunga?

O, forse, è stata,
questa vita di sogni ad occhi aperti che ho vissuta,
un miraggio con cui ho voluto illudermi?

Oh, sarebbe così terribile,
se non fosse destino che tu avvenga!

Sarebbe così tragico,
se questa speranza che ho nutrito
come se ne andasse della mia stessa vita
fosse destinata a morire!

Perché ho dipinto tutti i miei giorni
con colori ora sbiaditi e scheggiati,
solo per trovare il presente
oppresso dall'oscurità...

...ti prego, vieni, finalmente,
e mostrami che
che non ho sprecato la mia vita
con il sogno sbagliato!

Canto n° 29 "Sto alla porta"

Sto alla porta,
aperta,
giorno e notte,
Primavera ed Autunno,
Estate ed Inverno,
osservando la strada
che serpeggia tra le case,
attendendoti

Vengono e mi nutrono
e mi lavano faccia, mani e piedi
e mi implorano di rientrare,
dormire e prendermi cura di me,
per amor di Dio!

Ma, e se tu venissi,
e te ne andassi,
dopo aver trovato la porta chiusa?

Quando arrivi?

II. Scintilla

"Che genere di malattia
sta assediandomi?!
he cosa hai fatto,
a questa anima?!"

*Canto n° 101 "Nel segreto del mio cuore"

Che genere di malattia
sta assediandomi?!

La mia faccia brucia all'improvviso,
la mia fronte gocciola

Le mie mani intraprendono
una furiosa lotta fratricida,
il cui oggetto del contendere
è assolutamente sconosciuto

I miei piedi diventano danzatori,
un esuberante passo avanti,
e due timidi indietro,

O diventano smemorati,
perché mi guidano spesso
alla tua porta, quale che fosse
la mia destinazione

La mia memoria si sta perdendo,
come rovine sepolte nella sabbia,
perché il tuo nome, stranamente,
sostituisce fin troppe parole
nel mio parlato

O è la mia lingua dipendente da esso?
Come possono dire di comprendermi?

Il cuore è indeciso
tra il forzare la sua via
fuori dalle mie costole
e il lasciarsi affondare

Sta, forse, la mia anima, cercando
di separarsi da me?
Come potrei spiegare,
altrimenti, tutti questi sospiri?

Perché desidero sempre
che tu sia appresso,
per dirti questo, o quello,

Ma quando ci sei,
dimentico sempre
di cosa si trattasse?

Non riesco a dormire

Disprezzo il tempo
passato nella tua assenza

Che cosa hai fatto, a questa anima?!

Oh, dolce condanna!
Non ci si può far nulla!
D'ora in poi,
nel segreto del mio cuore,
ti invocherò così:
"Oh, mio amore!"

III. Sogno e speranza

*"Ti prego, sei in cammino
verso di me?"*

*Canto n° 108 "C'è una stanza"

Oh, mio amore!

C'è una stanza
che ho preparato per tutto questo tempo,
pronta ad ospitarti

Sulla porta, costruita dalla mia accoglienza di te,
c'è una bella placca, fusa dalla mia devozione,
con il tuo nome scritto in una ricercata calligrafia
con l'inchiostro dell'apprezzamento

Dentro, la carta da parati
è adornata con un motivo che spero tu possa gradire,
ma se avessi frainteso i tuoi gusti,
o se tu cambiassi idea, in qualsiasi momento,
ti prego, fammelo sapere,
e la cambierò, in accordo con il tuo cuore

Ed i muri sono decorati con dipinti
che mostrano le memorie, i luoghi e le persone che preferisci,
e ci sono cornici vuote,
e quel che serve a dipingere,
per permetterti di dare forma con creatività ai tuoi sogni
e sentirli reali
quanto più possibile

Il pavimento è coperto di pregiati tappeti
per proteggere i tuoi cari piedi
dal freddo od ogni ferita,
e per lasciarti sedere o giacere,
o anche rotolarti, ridacchiando,
come fanno i bambini

I mobili,
che costruisco, riparo e rinnovo
tutto il tempo,
dalla mia dedizione,
sono concepiti per servirti quanto meglio possibile,
pieni di cassetti a chiave
per lasciarti conservare i tuoi sacrosanti segreti

Ma ecco, c'è una chiave,
fusa dalla libertà che sempre avrai,
i cui intagli sono sagomati
come il codice segreto
del mio amore per te

La accetteresti?
E... mi faresti entrare,
un bel giorno?

Quella stanza,
devi sapere,
è nel mio cuore

Canto n° 33 "L'ulivo"

Oh, mio amore!

Mi nascondo dietro questo vecchio ulivo,
quando, con coloro che ti sono cari,
tu, in una nuvola profumata
che si dice possa tramutare un leone in un agnello,
tu, la tua persona adornata, incoronata con i tuoi capelli,
intessuti con la materia dell'Universo,
tu, lasci la tua casa

Ed io non oso manifestarmi
al cospetto dei tuoi ardenti occhi di carbone
e parlarti!

Ahimè!
Troppo poco, conosco, di te!

Passo ore a porre domande,
una per ciascuna foglia, a questo albero
che ti conosce bene

Se solo avessi radici, corteccia, foglie!

Riposeresti alla mia ombra?

Canto n° 9 "I tuoi occhi, nei quali cado volentieri"

Oh, mia amata!

I tuoi piedi sono raffinati capolavori,
e la terra si innalza per incontrarli
ed anche il deserto fa crescere l'erba
così che non siano scottati

Il tuo sacro tempio, giace,
sorvegliato e riverito,
aspettando colui
che considererai
come l'adoratore prescelto

I tuoi seni sono frutti turgidi,
traboccanti di nettare,
raccolti in una valle proibita
in un'estate di sogni ad occhi aperti

Il tuo cuore dà il ritmo
al quale le stagioni
si sottomettono volentieri

Se mai cessasse di battere,
sotto il ghiaccio, la terra,
sarebbe per sempre sepolta

Il tuo sorriso è come la grazia
che raggiunge il condannato,
appena prima che il disgraziato boia
si guadagni il suo tozzo di pane

La tua voce risuona nelle menti
come se annunciasse gioia ed abbondanza
e quelli che la ascoltano
d'improvviso si sentono
rinvigoriti nel loro coraggio

Le tue parole suonano, all'orecchio,
come quell'epica perfetta
che i poeti vanno cercando da sempre,
senza mai trovarla

I tuoi occhi sono pozzi profondi
nei quali cado volentieri
e non voglio che mi recuperino,
perché vi ritrovo ciò che avevo perduto

Ma dove sei, tu, mia amata?

Canto n° 86 "Scriba"

Oh, mio amore!

Sussurrano alla mia finestra,
quando le ombre cadono
per favorire i loro alleati,
e mi implorano di farli entrare,

e, una volta dentro,
con le loro mani che si tormentano, l'una contro l'altra,
come gemelli sempre in disaccordo,
riversano su di me, come dighe che crollano,
la massa pesante
che annega i loro cuori
da dentro

Mi implorano di scrivere, per conto loro,
l'indicibile,
o anche l'indefinibile,
su coloro che risiedono nel loro cuore,
ed al loro cuore danno vita,
abitandovi

Dico loro che nessuno può conoscere
quei sentimenti,
ed il loro scopo,
meglio di loro,
ma hanno già deciso che
solo io potrei trovare quelle parole,
e non sentiranno ragione

Sotto la luce di una fiamma ardente,
lettere e parole fioriscono
su una pagina intonsa,
al ritmo dei loro arrossiti racconti
e di ciò che deduco,

tutto questo,
mentre mi domando
se e dove possa esistere
qualcuno capace di trarre poesia
da tutto l'indicibile ed indefinibile
che la tua residenza nel mio cuore
crea

Canto n° 80 "Lo vorrei"

Oh, mio amore!

Vorrei conoscere tutte le parole
scritte in quei libri che giacciono su scaffali polverosi,
per comprendere ed esprimere
tutte le vie che il mio amore per te intraprende

Ne conosceresti, tu, il significato?

Vorrei poter immaginare nuove rotte
(e vorrei avere il coraggio di percorrerle),
per scoprire terre ormai dimenticate,
o sulle quali nessuno ha mai messo piede,
e battezzarle con il tuo nome

Partiresti, tu, per visitarle?

Non ho imprese gloriose
che tu possa ammirare
e per le quali provare orgoglio

Non ho prodigiose qualità
che mi facciano emergere
sopra chiunque

Siamo gente semplice,
dopo tutto

Basterebbe, la devozione di una vita, la mia?
Lo vorrei...

Canto n° 56 "Ogni artista necessita di una musa"

Oh, mio amore!

Quando cucino il cibo
per la gente di questa città,
sogno di te!
Dopo tutto, ogni artista necessita di una musa!

Penso a te
quando ti mordicchi il labbro,
e le mie paste affogano nel miele!
Ora la gente è euforica!
Questa danza li consumerà!

Sogno di te,
e delle tue sinuosità,
mentre sbatto le uova
Alcuni mi hanno detto
che la mia torta di rapanelli
ha morso loro il naso!

Bramo il tuo sorriso, e te,
che sussurri il mio nome,
mentre preparo un sorbetto
Così scambio l'aceto per l'acqua di rose!
La gente ruggisce come gatti impazziti!

Oh, mio amore!
Mi cacciarono
da quella puzzolente cucina!
Non mi è rimasto altro da fare, tranne
che divorare cibo piccante
e far finta che sia il tuo amore!

Canto n° 39 "Il più audace, il meno coraggioso"

Oh, mio amore!

Sono come un ladro,
il più audace tra tutti

Mentre trafugo,

come aquilegie in un'aiuola,
annusate ed accarezzate,
e, tuttavia,
non raccolte,

momenti,
trasfigurati dalla tua radiosità,
con la quale mi inebrio bramosamente,
e con cui la mia anima banchetta,

ogni volta che, senza che nessuno veda,
ti ammiro
e mi perdo in te

E sono come uno spasimante, anche,
ma il meno coraggioso tra tutti

*Canto n° 115 "Pioggia (Sete)"

Oh, mio amore!

Il mio cuore mi schizza in gola
e il sangue nella mia testa scorre furioso come a spezzarmi le vene
e i miei occhi bevono avidi ciò che vedono, per inebriarsene,
quando tu!
Come un furioso leviatano che assalta la vita al di sopra del mare!
Come una graziosa aquila che prende il cielo!
Come un potente ariete che spezza il cancello della mia compostezza!
Quando tu emergi, felice, radiante, magnificente, sublime!,
dall'acqua cobalto del laghetto che, per breve tempo,
è stato grembo per il tuo corpo glorioso

E cammini sulla riva, sorridendo,
ed i tuoi amati piedi calpestano erba smeraldo e cespugli di felci

Ed io ammiro generose armate di gocce d'acqua
scivolare, fermarsi, rallentare, accelerare,
sulle tue forme divinamente perfette,
e cadere dalla tua pelle di seta,
ed io vorrei così tanto potermi stendere davanti a te, la bocca aperta,
e bere quella pioggia che la tua pelle ha appena profumato!
Ma! Non! Posso!

Poi scuoti la testa, e spruzzi d'acqua volano dappertutto
ed uno raggiunge la mia guancia!
Ahimè!
Non posso resistere!
Senza curarmi più che qualcuno mi veda,
raccolgo veloce quel prezioso nettare dalla mia faccia
e lo porto alle mia labbra estasiate

Ed assaporo il tuo sapore, oh, mio desiderio!

Canto n° 17 "L'emozione di te"

Oh, mio amore!

Canto le tue lodi
e le mie parole s'incagliano presto
nella mia gola
per l'emozione di te

Perché molti hanno la sfortuna
di cantare di cose
che possono solo sognare,
e desiderare,
senza mai nemmeno incontrarle,
per sempre,
fino a che non diventa troppo,
da sopportare...

...ma tu, tu esisti!

Ed io... io lo so

Canto n° 75 "Il sasso e la pioggia"

Oh, mio amore!

Mi hanno domandato
perché continuo a stringere al mio cuore
la speranza,
grande quanto un granello di sabbia,
che qualcuno della tua stirpe possa amare
una persona come me

Ho detto loro
di come il sasso polveroso
non faccia nulla di considerevole,
eppure la pioggia si degna
di cadere su di esso

Mi hanno domandato che cosa
pioggia e sasso
guadagnino mai da ciò

Ho risposto che questa unione
li fa scintillare entrambi

Oh, mio amore,
stanno ancora ridendo di me!

Ma tu non lo faresti, ne ho la certezza...
...vero, mio amore?

Canto n° 6 "Banchettando nella contemplazione di te"

Oh, mio amore!

Hanno riempito la mia coppa
di nettari inebrianti
Ma come possono, questi, rivaleggiare
con i picchi vertiginosi
e le curve mozzafiato che i tuoi sillogismi raggiungono?

Hanno tentato la mia fedeltà
con frutti succulenti da terre lontane
Ma potrebbero, essi, mai eguagliare
le tue labbra umide,
porte di rubino al più sontuoso tempio alla saggezza
mai veduto?

Hanno assaltato la mia resistenza
con i frutti di mare più saporiti e corazzati
Ma potrebbero, essi, tormentarmi
più della tua pelle di pesca,
sorvegliata dalla tua virtù
e dalla mia venerazione
per la tua anima immacolata?

Eppure, hanno trovato
come rompere la mia inespugnabile difesa,
quando hanno predetto la mia morte per inedia

È allora, che ho dovuto accettare di nutrirmi
con acqua, pane ed alcune piante

Il minimo necessario,
fino a che la mia anima non banchetterà
nella contemplazione di te

Canto n° 97 "Dove non andai mai, ma sempre lo sognai"

Oh, mio amore!
Portami là...

...dove i venti sono risucchiati, intrappolati
nel ventre di montagne di granito,
ed assaporati, da lontano

...dove globi di talco,
dai loro arcuati piedistalli,
collassano ed attraccano, senza scontrarsi,
tirati da ancore segmentate

...dove lumaconi, frettolosi,
danzano in circolo,
e vongole anelano di fare
una passeggiata fuori

...dove fachiro e cobra
scambiano l'anima, ad un tempo cercando
di domare ed esser domati

...dove la crosta
è frantumata e strappata via,
con gravità

...dove il polpo cerca dentro,
parlando a se stesso

...dove ibis
beccano incessantemente
il carillon d'avorio,
provando a raggiungere i tamburi all'interno

...dove ragni monchi sondano
lacrimose, succulente prede,
arrampicandosi sulla loro massa,
ed affondandovi,
trovando spille vulcaniche

...dove vernice invisibile è sparsa,
in brevi o lunghe pennellate,
e la coesione filante è messa alla prova

...dove ostriche e spugne
imparano a danzare,
ma poi lo dimenticano
e devono ricominciare da capo

...dove il leone morde selvaggiamente
l'argilla intrisa di tristezza

...dove noi dovremmo trovare il tempio,
cresciuto, non costruito,
ed entrare a pregare

Portami là,
dove non andai mai, ma
sempre lo sognai

Canto n° 69 "Il colosso che era frantumato"

Oh, mio amore!

I piedi gargantueschi
affondano nella terra
per sostenere il colosso
nella sua vigilia senza fine,
ma il gigante
cadde presto vittima
della sua stanchezza,
e fu presto coperto
da un lenzuolo verdeggiante,
e sta ancora dormendo

Oh, mio amore,
se un oceano perennemente frantumato
può trasformarsi
in un'immobile montagna,
non potrebbe il tuo cuore
sciogliere la propria pietra
e trasformarsi in un mare tiepido,
per accogliermi?

Canto n° 31 "Pietre desolate"

Oh, mio amore!

Le impronte leggere
che i tuoi piedi hanno lasciato sulla sabbia
si stanno perdendo,
calpestate da animali ed uomini,
ignari

Il tuo inebriante profumo,
di ambra grigia, rosa e cannella,
sta svanendo, disperso da una brezza gelosa,
sostituito
da odori di cibi
e dagli olezzi di questa folla brulicante

La scintilla
della nerezza dei tuoi occhi,
sulle mie stanche retine,
sta venendo lentamente coperta
dai toni spenti del mondo
al quale il mio sguardo non fa caso

Ed anche i battiti del mio cuore sono cambiati,
perché non mi invitano più
ad una gioiosa danza,
ma sono piuttosto rassegnati
ad una amareggiata
marcia funebre

Perché la mia anima,
incurante
della fugacità della mia vita,
potrebbe continuare ad attenderti
anche quando fosse liberata
da queste ossa doloranti,
e vagasse
tra le pietre desolate

Tornerai mai?

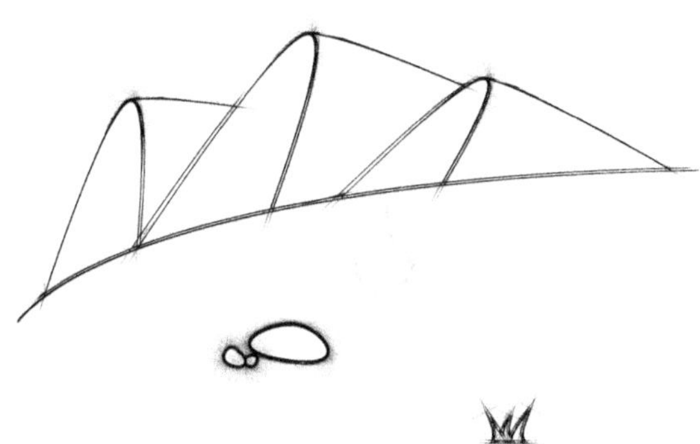

Canto n° 67 "Goccia dopo goccia"

Oh, mio amore!

Attenderti
è come prendere un veleno,
goccia dopo goccia,
sapendo che in quel modo
non potrà mai ucciderti,
ma solo farti desiderare
che il tormento possa finire

Attenderti
è come sorseggiare un vino pregiato,
goccia dopo goccia,
sapendo che in quel modo
non potrà mai soddisfarti,
ma solo fartelo desiderare
di più

Canto n° 15 "Colpevole"

Oh, mio amore!

Il mio desiderio mi spinge
sull'orlo
della più affondante follia

Mordo
voluttuosamente
la rosa
che, una visione or sono,
stavo annusando, immaginando
che fosse la tua pelle

I petali cadono,
la loro perfezione rovinata,
ed io sono colpevole
di sottrarre al mondo
tale pura bellezza!

Come può, questo, essere
il modo giusto di amare?

Canto n° 62 "Sui gradini del tempio"

Oh, mio amore!

Vanno, mano nella mano,
incatenati dagli occhi,
come pronti ad ascendere
da questa polvere
verso il blu sconfinato

Sedendo
sui gradini del tempio,
li guardo e sorrido,
quando mi accorgo
che le mie dita
strisciano sul granito,
cercando le tue,
non trovandole

Qualcuno ride,
apprezzando le proprie benedizioni

Le campane del tempio suonano

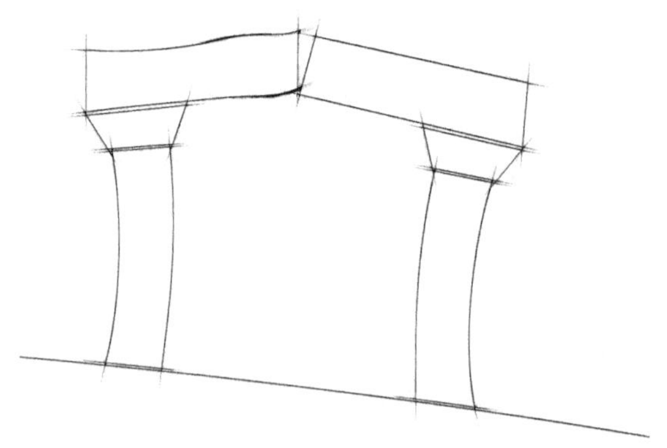

Canto n° 14 "Provo a perdermi"

Oh, mio amore!

Vago in giro,
con la mia disperazione,
nelle strade e nei giardini della mia città

Lo ammetto:
provo a perdermi
più che posso,
per questa folle idea che nutro
che, perdendomi abbastanza,
forse, finirò da qualche altra parte

Magari proprio laggiù,
dove vivi tu... troppo lontano!

Ma poi mi domando:
e se tu facessi lo stesso?

Anche allora, non ci incontreremmo!

Se solo potessimo diventare stelle!
...ma, no: il cielo è troppo grande,
per sperare di trovarti!

Dovremmo, entrambi, scavare una buca
e lasciarci cadere dentro
per incontrarci, finalmente,
nel divorante, magmatico cuore
che questa terra crudele ha?

Canto n° 4 "Tu non mi parli e non mi sorridi mai (Dicono sia una benedizione)"

Oh, mio amore!

Il tuo sorriso lacera
l'oscurità soffocante
in cui strisciano coloro che odiano

La tua voce raggiunge
in profondità, illuminandole,
le anime perdute nella propria agonia

Il tuo tocco
scuote e sgretola
la pietra che intrappola i cuori

Oh, mio desiderio!

Tu non mi parli e non mi sorridi mai...
Ancor meno, tu mi tocchi mai!

Dicono sia una benedizione,
perché solo i più disperati
hanno modo di conoscere il tuo dono

Ma, come è, allora,
che la tua assenza
ha trasformato la mia vita
nel più angosciante tormento?

Canto n° 58 "Il viaggio"

Oh, mio amore!

Ho lasciato le mura della città,
quando il Sole era ancora timido
sul confine del deserto

I ricordi degli incoraggiamenti dei miei amici,
delle benedizioni di mio padre,
dei lamenti e delle lacrime di mia madre,
sono, ora, i miei soli compagni

Ho lasciato casa con molte provviste,
ma non ho avuto abbastanza accortezze
e le ho esaurite troppo presto;
eppure, ho detto tra me e me, la strada verso di te
non può essere troppo lunga, dopo tutto,
così ho continuato a camminare,
intonando canzoni di gesta leggendarie

Venti, recanti tristi voci
che mi chiedono di non andare, mai e poi mai,
hanno cominciato presto a sferzarmi,
così la mia ricca blusa si è sporcata,
le sue tasche piene di sabbia:
l'ho abbandonata,
avendo a noia di svuotarle

Le mie raffinate scarpe si sono presto rotte,
così ho lasciato anch'esse, ma
ora i miei piedi sono scottati e sanguinanti:
camminare è doloroso, ora,
eppure, lo faccio, per te

Debole, per l'arsura e la fame,
continuo a cadere sulle mie ginocchia,
ed a pregare, che possa proseguire

Giaccio, chissà dove, dubitando del viaggio

Mi troverà, la morte, in solitudine,
con il solo rifiuto del tuo desiderio di me?

Ti prego, sei in cammino verso di me?

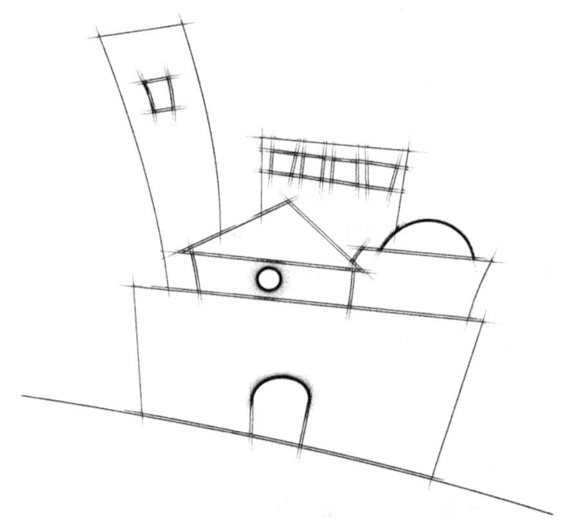

Canto n° 1 "Tutta l'acqua negli abissi, e una sola lacrima"

Oh, mio amore!

Piango per te
giorno e notte,
e le mie lacrime
cadono nel mare

Miele e vino
scorrono nelle tue vene,
e il pensiero di te
è così dolce
che le mie lacrime
sgorgano zuccherine

Potrei bere
tutta l'acqua
negli abissi,
eppure nulla
soddisferebbe
la mia arsura
quanto una sola lacrima
dal tuo sapore

*Canto n° 118 "Il buco"

Oh, mio amore!

C'è un buco, nella parete della grande montagna,
celato dietro una pietra a forma di veliero,
in una stretta valle nascosta da un folto palmeto,
un buco del quale nessuno sa
quanto sia profondo
e dove porti

Dicono, gli anziani,
che esso arrivi
fin nel ventre della montagna,
dove un angelo, dalle ali di sale,
dorme e sogna,
e nel suo sogno ascolta
tutto ciò che viene detto
da chiunque bisbigli nel buco,
e che quando si risveglierà, un giorno,
porrà rimedio ad ogni problema,
se lo giudicherà giusto e santo

Oh, mio amore!

Mi introduco in quella valle ogni notte
ed ogni notte trascorro ore insonni a bisbigliare di te,
e di quanto desidero dirti che ti amo

E non so se sperare che là,
nel gocciolante ventre della montagna,
ci sia davvero un angelo di cui non si sa quando mai si sveglierà,
o, piuttosto, qualche umano pettegolo, che senta tutto,
e che possa correre da te e dirti tutto,
finalmente

Canto n° 60 "Ha cominciato a piovere?"

Oh, mio amore!

Suona, il cielo, oggi,
con celestiali campane e rintocchi,
forti voci di dozzine di torri
che cantano e dondolano,
ripiegate sopra la città,

emergendo da un coro,
proveniente dalle strade affollate,
di cinguettii e promesse di anime gemelle
che hanno trovato le loro ali,
una sulla schiena dell'altra

e queste catapecchie e questi vicoli fangosi
potrebbero appartenere alla reggia del re,
od essere sostituiti da abissi stellati,
eppure, questi occhi di amanti non vedrebbero nulla,
tranne chi è il loro mondo

Chiudo gli occhi, mio amore,
per meglio dipingere il tuo tenero sorriso,
e le tue braccia che mi bramano,
sulle tele incerte sottese tra
le mie impressioni, le mie meditazioni, i miei sogni

In estasi, sorridente, faccia ad un cielo e piedi su una terra
della cui esistenza non sono consapevole,
non più,
sento le mie guance bagnarsi

Ha cominciato a piovere?

IV. Delusione, Pt. I

*"Perché siamo amici.
E ti voglio troppo bene."*

Canto n° 82 "Il muro"

Oh, mio amore!

Il tuo volto è così perfettamente armonioso
che anche le sue imperfezioni
sono le più squisite

I tuoi capelli sono così lucenti che si crede
che nuove stelle possano essere osservate
nella loro nerezza

Le tue graziose mani dovrebbero essere adornate
con metalli scintillanti e gemme preziose,
perché, certamente, guariscono

La tua figura esprime tali proporzioni
che, da lontano,
ti si prende per un angelo

I tuoi piedi sono adorati dalla terra
perché, quando non dormi,
le benedizioni abbondano tutt'intorno a te

La mia faccia è segnata dai venti
e scavata profondamente da solchi di lacrime

I miei capelli di corteccia diventano cenere,
mentre i miei giorni cadono e si frantumano

Le mie mani tremano, pregano
e dimenticano come essere pugni

La mia figura, ahimè!,
è sempre stata strana

I miei deboli piedi sono legati
in pesanti catene

Perché mi è stato mostrato il tuo ritratto?!

Solo le nostre parole possono incontrarsi,
in un luogo che non può essere,
e suonare un gioioso contrappunto,
ogni lingua ad un lato di un muro
fatto di ciò che non si può dire

*Canto n° III "Per la sua bizzarra coda"

Oh, mio amore!

La mia immaginazione è il mio nemico più spietato!
L'ho implorata, di desistere dal torturarmi
con quelle visioni di me e di te,
insieme,
che godiamo della nostra vicinanza,
i nostri occhi persi in un abbraccio
che nessuno potrebbe indovinare

L'ho ripetuto e ripetuto,
ancora ed ancora,
come una cosa del genere non accadrà mai,

ma è così crudele, la mia immaginazione,
e so che non smetterà mai di invitarmi,
subdolamente,
a perdermi in queste fantasie,
tanto realistiche quanto irreali,
ad illudermi a credere
che siano tanto migliori
di questa realtà,
che,
nel frattempo,
scivola via dalle mie dita,
ed io non provo nemmeno
ad afferrarla per la sua bizzarra coda

Canto n° 59 "Casa (Tra le rocce ululanti)"

Oh, mio amore!

Non ti amo
per il tuo modo di essere,
ma piuttosto
per ciò che rimescoli in me

Non ami, forse,
il vento,
per il modo in cui gioca
con gli abiti stesi ad asciugare,

come se fingesse
di essere uno di noi,
indossandoli
e riempiendoli di vita?

Eppure, il vento giocoso
non ama né gli abiti,
né me

Esso solamente ama
la bocca a casa,
tra le rocce ululanti,
che soffia per dargli vita

Ed è là,
e solo là,
per baciare quella bocca,
dove vorrà tornare
e restare

Canto n° 89 "Rimpianti"

Oh, mio amore!

Dovrei rimpiangere
il delizioso gioco di sguardi e sorrisi
che abbiamo giocato a lungo

Restando lontani, ammetterò,
io, perché tu eccelli,
e tu... non saprei?

Dovrei rimpiangere quel giorno,
quando, improvvisamente, ti avvicinasti,
e mi sfiorasti il volto
e ci sorridemmo da vicino,
senza una parola,
e da allora non ho potuto non chiedermi
cosa ci diremmo?

Perché, dopo allora,
non giochi più, come prima,
il nostro gioco distante

Ho continuato a guardare ed a sorridere,
mentre tu hai più spesso distolto lo sguardo,
camminando dietro dei drappi

Oh, mio amore, non rimpiango cosa è accaduto,
ma solo quello che non lo è

E sogno ancora
di te, che mi tocchi il viso

Lo rimpiangi, forse?

Canto n° 10 "Neppure nella stessa pagina"

Oh, mio amore!

Ho infranto lo specchio
incorniciato con legno di ulivo
e mille frammenti hanno insinuato
che io non sono abbastanza,
per i tuoi occhi mesmerici

Ho fatto cenere dei libri
del tuo poeta preferito
che, invano, ho provato
ad imparare a memoria,
solo per cadere al primo verso
davanti ai tuoi occhi compassionevoli

Ed ho perduto tutto
per l'elemosina
che ho fatto per tutta la città
per provare ad essere all'altezza
della purezza nel tuo cuore
suggerita dalle pagliuzze d'oro
nei tuoi caldi iridi

Mi accuso così tanto!
per non aver conquistato il tuo cuore,
ma la verità è differente, e terribile!

Ciò che mi divora il cuore
è che nel Libro dei Destini
il mio nome non è scritto
neppure nella stessa pagina
adornata e graziata dal tuo

Canto n° 46 "La nuvola"

Oh, mio amore!

Quella spaventosa nuvola nel cielo
mi segue da che ho memoria

Oh, se sapessi… è una così crudele compagna!
Non mi ha mai inondato in un colpo solo,
per gettarmi, dai bordi del mondo,
giù, nell'abisso infinito…

Oh, così, sarebbe troppo facile!

Manda soltanto una goccia di pioggia alla volta,
dritta sul mio cranio

Metti il dito qui, se non mi credi!
Lo senti, questo affossamento?

Oh, mio amore,
vorrei così tanto poterti chiedere di restare con me,
perché la tua luce dissolverebbe certamente
quella malvagia canaglia!

Ma non posso rischiare
che perseguiti anche te,
e che la perfetta armonia
del tuo teschio angelico
sia rovinata in alcun modo!

Ahimè! Devo andare,
oh, mio amore,
il cui cuore è come quel cielo terso
che mai contemplerò!

*Canto n° 106 "Come luce che inonda l'oscurità"

Oh, mio amore!

Piango tutto il giorno
perché bramo la salvezza del tuo sorriso,
ma tu mi guardi e dici
che semino tristezza nella tua anima

Spendo tutti i miei averi
per attirarti con la mia opulenza,
ma tu mi guardi e dici
che la mia frivolezza è scoraggiante

Dimentico di mangiare,
e il pensiero di te mi rode da dentro,
ma tu mi guardi e mi domandi
chi mi sta facendo odiare la vita così tanto

Ti inseguo tutto il giorno,
lungo viuzze, arcate e piazze,
circondate da alte case incombenti,
ma tu ti volti verso di me e mi gridi
che non meriti
una tale tortura!

Mi guardo in un vecchio specchio
e devo ammettere che,
se fossi in te,
non penserei mai di scegliermi

e questo ultimo pensiero
è come luce
che inonda l'oscurità

Canto n° 23 "Vengono per te"

Oh, mio amore!

Vengono per te da lontano,
inchinandosi, offrendo ai tuoi piedi
il loro talento e la loro maestrìa,
provando a conquistare il tuo cuore

Ascolto i loro splendidi poemi
ed il loro canto d'usignolo,
vedo i loro stupendi ritratti di te
ed i gioielli che hanno creato per adornarti

Tutto mentre io,
un volto anonimo tra la tua servitù,
che tu non conosci
e, forse, nemmeno vedi,
sto aiutando a costruire questo gazebo
perché tu vi trascorra giorni piacevoli

Ad ogni albero che ha dato queste travi
ho sussurrato il tuo nome,
ogni giorno
Ogni mattone che i tuoi piedi benediranno
è stato mescolato
con le mie lacrime per te

Quanto è triste!
che non lo saprai mai...

***Canto n° 107 "Come quel re"**

Oh, mio amore!

Quando parli di me,
devi guardare in cielo,
a quei precipizi stellati,
come se le straordinarie descrizioni
con le quali mi dipingi
fossero scritte con fili di luce
sottesi tra le stelle

Quando parli di me,
sembri considerare tutte le stirpi
che hanno popolato le lande
ed hanno viaggiato per mare,
quindi la tua lingua, come un giudice solenne,
dichiara che sono il pinnacolo di questa umanità

Quando parli di me,
le tue dita tracciano nella sabbia
miriadi di coppie di cuori intrecciati,
ed il tuo sorriso è simile ai cancelli del paradiso,
ed i tuoi occhi raccontano silenziosi
delle meraviglie oltre quei cancelli

E poi nomini una persona,

Spiegando che devi andare ad incontrarla
all'ombra della grande palma,
ed io mi sento come quel re
che fu incoronato dalla folla,
e poi fu lasciato solo nella sala del trono,
perché tutti dovevano correre
ad applaudire chissà chi

Canto n° 93 "Il midollo nelle mie ossa"

Oh, mio amore...

Ho continuato ad attenderti
dietro la porta,
per aprirla subito al tuo arrivo

Ho continuato ad attenderti così a lungo che...

ho smesso di sorridere,
il pranzo si è raffreddato ed irrancidito,
i musicisti hanno dovuto andarsene,
i petali di rosa sul pavimento si sono avvizziti,
il vino è diventato aceto,
ho smesso di contare i giorni,
ho smesso di uscire, rifiutando di imbattermi in altri che te,
il quadro in cucina è caduto, ed è ancora là,
ho smesso di farli entrare, rifiutando di aprire per altri che te,
la gente ha cominciato a scuotere la testa,
la vita mi ha lasciato indietro

Ho continuato ad aspettarti,
ma ora mi domando se tu
possa aver fatto lo stesso

Avrei dovuto venire a cercarti?
O hai preso il cammino?
Avremmo potuto trovarci a metà strada?
Ma se non avessi mai pensato di cercarmi,
o anche solo di aspettarmi, invece?

Non credo che ti aspetterò ancora
Il midollo nelle mie ossa
ha cominciato farmi male

Canto n° 57 "La vecchia padella"

Oh, mia amata!

Quei bambini ridono di me e mi tirano sassi
Cani randagi ringhiano alla mia vista
e mi rincorrono nei viottoli
La gente mi evita
e fa strani segni, quando sorrido loro

Non tu!
Tu non sei come loro!

I tuoi graziosi piedi,
pelle d'ambra, unghie di perla,
benedicono la polvere nella strada
e giocano a nascondino,
da sotto il bordo della tua gonna,
con i miei occhi consunti

I tuoi fianchi sono come colline
che scuotono via la mia malinconia!

I tuoi floridi seni sono misteri
mai ammirati, sempre sognati,
più del tesoro
che incatena il re alle sue sale!

Le tue labbra sono petali gemelli
di teneri, voluttuosi fiori,
che preparano il miele più dolce
ed io, umile ape,
immagino di avvicinarmi ad esse
come un pellegrino ad un santuario

I tuoi occhi sono graziosi cerbiatti
che si nascondono nel folto del tuo genio,
invitandomi giocosamente ad esplorarlo

Sono pozzi che scavi nella mia miseria,
in cui intravvedo vasti giacimenti petroliferi,
così che io credo, senza alcun dubbio,
che la mia anima appartenga ad un re

Oh, mia amata!

Nella mia fatiscente stamberga
ho coperto la vecchia padella
che un tempo usavo
per guardare la mia brutta faccia

Non posso più sopportare la mia stessa vista!

Quanto è indegna,
perché essa rovina la Creazione
che la tua, invece,
impreziosisce!

Canto n° 11 "Mi implori (ed io sprofondo)"

Oh, mio amore!

Vieni a me
con un fuoco ardente
che ti tormenta le pupille

Sorridendo con denti di perla
come se nessuno esistesse
o contasse, tranne me

Chiamando il mio nome
come invocando quello di un santo
al quale implorare un miracolo

Aggrappandoti al mio corpo
come edera all'albero
e guidandomi nelle ombre

E con le tue mani
fermamente assicurate attorno alle mie,
raggiante, mi implori

di presentarti

alla persona a me più cara
tra tutte le mie amicizie

È, quel rumore rombante che sento,
e che copre la tua voce flautata,
quello delle cavità del mio cuore
che, finalmente, sprofondano?

*Canto n° 110 "Creature adorate (Teatro)"

Oh, mio amore!

Tutto è terminato

Il vostro rito
Il mio sogno
La mia speranza

I miei occhi sversano lacrime
ed è impossibile, per me, fermarle

Rido, più forte di tutti, per ingannarli
Per ingannare te, anche

Hai già scelto altrimenti, dopo tutto,
per la tua felicità,
ed hai perfino giurato:
non ne faccio parte, non ti servo a nulla

E farti sapere di me, ora, ugualmente,
non servirebbe più a nulla,
se non a farmi sembrare
folle,
una persona che non vuole
o non può comprendere

Avrei dovuto dirtelo prima:
almeno, ora,
non dovrei ricacciare in gola
ogni parola mai pronunciata,
come creature adorate
che hai ingozzato, fino ad un attimo prima,
e che ora devi lasciar morire di inedia

Canto n° 90 "E ti voglio troppo bene."

Oh, mio amore!

I musicisti si scatenano
su tamburi, archi e fiati,
mentre gli ospiti,
inebriati dal buon vino,
ridono e danzano

Siedo al tavolo, timidamente,
ed i miei occhi danzano, in mia vece,
con la tua testa, il tuo sorriso,
le tue mani ed i tuoi piedi,
ed i tuoi ipnotici fianchi

La canzone esala il suo ultimo battito
e tu ritorni
e ti siedi al mio fianco
e mi domandi, "Perché non danzi?!"

"La mia anima ha ballato con te,"
confesso, in estasi
per il tuo profumo e per la tua luce,
"Così come fa sempre," aggiungo

 "Oh, sei così dolce!
Potrei innamorarmi di te!" tu dici,
ed io non so neppure come faccio
a non perdere i sensi
"...e perché non lo fai?"
"Perché siamo amici.
E ti voglio troppo bene."

E poi mi baci la fronte
e vai a ballare ancora un po',
felice,
così non mi senti dire,
"Anch'io... davvero troppo,"
prima di affogare il mio cuore

in fiumi di lacrime
e gocce di vino

Stanno ballando tutti,
o piuttosto si contorcono come nel fuoco?
C'è della musica, forse?

Sento solo il mio cuore
rimbombare, disperato,
nelle mie orecchie

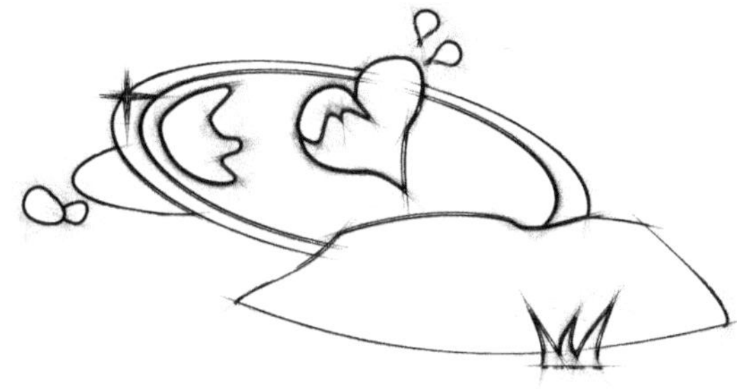

V. Beatitudine

*"Ti chiedo perché sei felice,
così che possa gioire con te
e benedirne la ragion d'essere"*

Canto n° 3 "Come un miracolo, quando avviene"

Oh, mio amore!

Mi è stato chiesto
quanto avvenente tu sia
da coloro
che non ti conoscono

Ho risposto,
dopo aver riflettuto a lungo,
che la tua bellezza supera
quella di quel giorno
nel quale
il miracolo più caro al cuore,
per il quale qualcuno abbia pregato Dio,
avviene

***Canto n° 112 "Il tuo sorriso (La fenditura)"**

Oh, mio amore!

Il tuo sorriso
è come un raggio di Sole
che si alza
tra due alte rocce,
sporgenti su un precipizio
che rotola giù per il fianco spoglio
di una dentata montagna,
separate l'una dall'altra,
eppure abbastanza vicine,
perché congiunte alla base,
come freddi amanti in un imbarazzato abbraccio

E il tuo sorriso
è come quel raggio di Sole
quando è alto abbastanza
per far capolino tra la fenditura,
sempre più inondando
l'ombra ed il freddo
dietro le rocce,
in cui stavo per morire

Ed improvvisamente credo,
Non solo nella sconfitta della notte mortale
Non solo nella vittoria del giorno che dà la vita

Ma d'improvviso io credo
che ci sia ancora speranza, rimasta, per me

Questo è ciò che il tuo sorriso fa, per me

Canto n° 32 "Suppongo sia destino"

Oh, mio amore!

La tua allegra risata,
le tue labbra precipitose sulle mie,
le tue dita che danzano nell'aria,
e poi chiudi la porta

Vago sotto il Sole,
tra campi dorati
punteggiati di contadini
che lavorano e cantano

Raggiungo una casa:
qualcuno lavora nell'orto
"Ancora qui? Vai, adesso!"
mi spingi via

Girovago sotto le nuvole
seguendo un bagnasciuga scosso,
dove i marinai trascinano le loro barche,
perché il mare non sarebbe misericordioso

Mi imbatto in una finestra:
non è, quello, il tuo amato volto?
"Ancora? Sciò! Sciò!"
gongoli, agitando la mano

DANIELE BERGAMINI

Le stelle appaiono strane,
raggruppandosi come non ho mai veduto prima,
facendo una flebile luce
su luoghi che non riconosco

Una luce calda circonda qualcuno
in piedi davanti ad una porta aperta
"Suppongo sia destino," dici, teneramente,
tirandomi dentro

Canto n° 50 "Il segno più bello"

Oh, mio amore!

Mi domandano, maliziosamente,
tra Dio e te...

...chi amo di più:
rispondo che è Dio, perché
tu ed io esistiamo, per merito Suo;

...quale comando preferirei seguire:
rispondo che è quello di Dio, perché
sul Suo cammino ho incrociato il tuo;

...chi mi ama di più:
rispondo che è Dio, perché
ha voluto che esistessi, come solo le madri possono;

E mi chiedono perché non ti lascio per Dio, allora:
rispondo che il tuo amore
è il segno più bello
del Suo amore nella mia vita

Canto n° 41 "Dettagli"

Oh, mio amore!

Con un sospiro
scivolo vertiginosamente
sulla tua nuda pelle
(e poi, con tanta angoscia, ne cado!),
sull'iperbolica perfezione
tra il tuo collo torreggiante
e la tua spalla incustodita

Canti una vecchia canzone
sulle sirene e sulla Luna,
mentre spazzoli i tuoi capelli di notte

Quindi ne lasci la massa riposare
sulla tua spalla che invoca le mie labbra,
e mi osservi,
sapendo che ciò mi incanta,
quando il primo capello,
come un sipario su una nota trionfale,
e gli altri,
seguono,
esponenzialmente ansiosi
di intrappolare i miei battiti di cuore
nel loro sovrapposto e precipitoso balzo

***Canto n° 116 "Celebrare il nostro amore (La gente)"**

Oh, mio amore!

Pestiamo i piedi, come ballerini che si esibiscono
Battiamo le mani, come bambini che giocano

E la tavola trema e salta
E il candeliere dondola

Pestiamo i piedi, come a sgualcire l'uva
Battiamo le mani, come ad acchiappare zanzare

E un bambino si sveglia e piange forte
E un vicino bussa alla porta

Pestiamo i piedi, come soldati disciplinati
Battiamo le mani, come un pubblico euforico

E le guardie credono che un'armata stia attaccando la città
E le sentinelle suonano i corni

Pestiamo i piedi, come elefanti che fuggono
Battiamo le mani, come giganti che corrono

E le città nel nostro paese cominciano a combattere
E gli altri paesi confinanti seguono presto

Oh, mio amore!

Volevamo solo celebrare il nostro amore!
Perché la gente deve sempre prenderla per il verso sbagliato?

Canto n° 45 "Fiotto"

Oh, mio amore!

Ho raggiunto il folto degli alberi,
lontano quanto basta dalle vane parole della gente,
e quest'acqua, allegramente gorgogliante,
mi invita ad osservare e cantare

La mia immaginazione è come quella foglia,
trascinata via dalla vista di te

Il mio cuore è come quel ciottolo,
che cade ed affonda ad ogni addio

Il mio sangue è come quest'acqua precipitosa,
quando i tuoi occhi recitano i versi
che Dio ha composto per creare la tua anima

E tu sei il fiume, e la fonte,
la nuvola ed il cielo intero!
Ed io bevo il tuo fiotto,
inebriandomi, senza mai dissetarmi

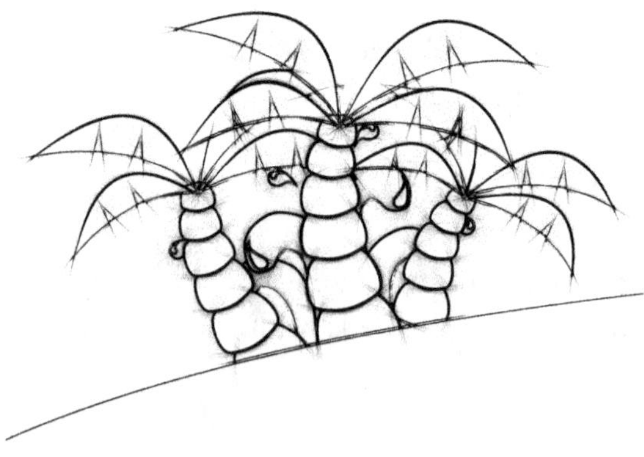

Canto n° 20 "Nel giardino della Regina"

Oh, mia amata!

Mi domandano
perché ho scelto proprio te,
una il cui tesoro più prezioso
fu perduto troppo presto
per colpa di un ignobile furfante

Allora canto loro una canzone:
"Nel giardino della Regina
una rosa bianca era la sua gioia.
Ma, una notte, il suo nemico
ne macchiò i candidi petali.

La Regina pianse, ed i suoi servi dissero:
- Tagliamo la rosa,
così che la Regina non soffra! -
Ma lei li fermò, furiosa:
- Qual è la sua colpa,
per punirla così crudelmente
e reciderne la vita?
Prendiamocene cura, invece,
così che possa fiorire ancora! -"

Canto n° 94 "Hai dimenticato"

Oh, mio amore!

Non so più che cosa fare!
Le tue poche parole mi pungono come migliaia di api
ed il tuo cipiglio
è come un'eclissi
che condanna la mia esistenza
alle più terribili tenebre!

D'un tratto hai fatto silenzio,
i tuoi occhi hanno congelato la mia anima di piuma!
"Che cosa ho fatto?!", ho mormorato,
tremando come se spettri mi perseguitassero!
"Hai dimenticato", hai detto,
rifiutando di dirmi di più,
e così la mia impresa è cominciata!

Di corsa a casa:
nulla di perso per la via,
o mancante, tra le mie poche cose

Ho scritto tutto ciò che potevo ricordarmi
riguardo ieri, ma
so solo che mi amavi ancora!

Ho chiesto ai miei amici se
avessi detto loro nulla su di te,
ma mi hanno guardato perplessi

Ho chiesto ai tuoi amici, anche,
sulle maree della tua anima,
ma si sono fatti beffe di me

Ho viaggiato verso le antiche rovine a nord
ed ho chiesto all'oracolo una risposta:
"Ssst!", è tutto ciò che ho ottenuto!

Ho viaggiato per mare, ma,
nelle terre che ho raggiunto e visitato,
la gente non ha compreso la mia domanda

Ho anche volato sulla Luna,
e sugli anelli di Saturno:
quelle strane genti
non hanno mai sentito di te

Ritorno da te, strisciando,
ammettendo disperatamente
che non ho risolto il mistero!

Mi baci sulla bocca
e sussurri,
"Le trovo da me,
queste tue labbra
che mi appartengono,
e che tu dimenticasti di offrirmi,
quel giorno,
quando ci incontrammo..."

Canto n° 47 "Canzoni"

Oh, mio amore!

Marinai bruciati dal Sole,
il loro amore, come malattia,
per un chissà dove
che non vuoi mai davvero raggiungere,
intonano canti marinareschi
su navi affondate
che attendono ancora di salpare

Uccelli multicolori,
che hanno veduto
montagne lontane,
e rallegrato bambini
che ridono proprio come i nostri,
riempiono il silenzio
di storie
di coraggio, fatica e casa

Bambini indisciplinati,
diretti dal loro maestro,
imparano con indolenza vecchi canti
su eroi ora dimenticati,
i cui monumenti sono seppelliti nell'edera

Devoti monaci,
teste pelate e cuori piumati,
armonizzano antichi inni,
pregando Dio di aiutarli
a sentirsi ancora una volta bambini

Tu
stai cantando quella vecchia canzone
che, dici sempre,
ti ricorda di me

E l'intero Universo
sembra restare in silenzio

per ascoltarti, attonito

Canto n° 16 "Chi è la donna più bella"

Oh, mia amata!

A volte provano
ad estorcere maliziosamente alla mia lingua
parole di disapprovazione nei tuoi confronti,
così che possano usarle per separarci

Mi hanno chiesto perché non ho scelto questa o quella,
piuttosto che te,
che sia per gli occhi o il naso più graziosi
o per il maggior numero di ammiratori

Ho chiesto loro di dirmi
chi sia la donna più bella
nella loro vita
ed i loro occhi si sono riempiti di lacrime,
quando tutti
hanno menzionato, come un coro celestiale,
"Mia madre!"

Si sono guardati l'un l'altro,
poi me,
quindi, infine, la polvere sul terreno,
perché hanno compreso

Canto n° 91 "Non lo so (Forse, in realtà, sì)"

Oh, mio amore!

Prendi la Luna tra due dita,
quindi la mordi e la fai scoppiare,
come un turgido acino dorato
e la sua polpa e ed il suo succo rotolano giù per il tuo mento
e giù per il tuo collo
e dove sono finiti, adesso?

Quindi acciuffi il Sole,
allo stesso modo,
o almeno ci provi, ma è troppo caldo,
così lo lasci cadere,
ma temi che possa bruciare l'intero cielo notturno,
al quale non appartiene,
così ci salti sopra, come in una danza,
finché non è del tutto spento

Ma ora i tuoi piedi sono bruciati
e tu hai bisogno di alleviare il dolore,
così li bagni nel mare,
così lontano
che lo raggiungi in un solo balzo

E noti il leviatano,
che ora emerge ed ora si immerge,
così lo acchiappi
perché vuoi friggerlo,
ma ti sorride, e spruzza acqua come una fontana,
così, gongolante, lo liberi

Ed esso raduna tutti i pesci dagli abissi
e loro cantano una canzone muta, per te

E tu mi domandi cosa significa

Ed io rispondo che non lo so,
ma volevo che tu
lasciassi uscire il bambino in te,
perché credo che quella sia felicità

Canto n° 13 "Ogni giorno che Dio manda in terra"

Oh, mio amore!

Mi accusano
di abbandonarti alla tua solitudine
al mattino presto,
e di lasciare che i tuoi occhi si riempiano
di lacrime inondanti,
per lavorare al mercato

Bugiardi e folli!

Non vedono l'amore che metto
nel condurre i miei affari,
e la mia onestà
nel decidere i miei prezzi,
ed i sorrisi
con i quali saluto la gente

Non ci arrivano?

Amarti
è fare il meglio che posso
per costruire il miglior mondo possibile
con cui hai a che fare
ogni benedetto giorno
che Dio manda in terra

Canto n° 99 "Un'altra canzone"

Oh, mio amore!

Canti, "Una volta persi la mia ombra:
non si trovava da nessuna parte,
nessuno sapeva dove fosse andata
ed io piangevo per la mia solitudine "

Canti, "Così chiesi alla Luna
se fosse smarrita nella notte:
rispose - L'oscurità è tutta uguale,
faresti meglio a chiedere al Sole... -"

Canti, "Il Sole ridacchiò, e disse
- Amore mio, come potrei proiettare
un'ombra, da te, se tu,
in ombra, trasformi la tua carne,
e le tue bianche ossa? -"

Canti, "Risposi
- Insegnami a bruciare,
ed a volare nel cielo, amore mio,
la mia anima come un aquilone,
il mio corpo come un bambino che ride. -"

Avrei potuto cantare la stessa canzone, anch'io,
senza aver bisogno di inventarne un'altra,
ma voglio che sappiano
che non mi darebbe
la stessa commozione
di quando la canti tu,
con la tua testa sul mio grembo

Canto n° 5 "Tutti i miei difetti (dal tuo punto di vista)"

Oh, mio amore!

Mi hanno riferito,
mascherando malamente
la loro infida soddisfazione,
di averti chiesto la tua opinione
a proposito dei miei difetti,
e che, quando se ne sono andati,
allo scintillare della prima stella,
stavi ancora elencando

Miserabili vipere!

Non hanno nemmeno pensato
di aspettare e domandarti
perché continui a scegliermi

E non sono qui, neppure ora,
per ascoltarti
sussurrarmelo all'orecchio,
finché la Luna
non terminerà il suo atto

***Canto n° 102 "La ragione che anche tu benedici"**

Oh, mio amore!

Ti sento
cantare tra te e te
un'allegra filastrocca

Ti accarezzo il volto,
appoggio la tua mano sul mio cuore
e ti dico che adoro quando canti

Allora tu dici che la tua felicità
non può essere contenuta
ed inizi a danzare

Ti chiedo perché sei felice,
così che possa gioire con te
e benedirne la ragion d'essere,

E tu finalmente mi spieghi
che la mia felicità per te
è quella ragione che anche tu benedici

Canto n° 8 "Provano a portarti via"

Oh, mio amore!

Molte serpi ti desiderano,
provando a portarti via, come se tu fossi un tesoro
ed io, un ricco ed invidiato mercante

Così mi sfidano a provare
che il mio amore per te
è più grande del loro

Improvvisano davanti ai tuoi occhi
le più gloriose vittorie,
i più ardenti poemi
ed i più arditi giuramenti

È il mio turno

Ti guardo e dico
che hai piena libertà,
e che non posso trattenerti
perché venero il tuo cuore come sacro,
ed anche se te ne andassi,
direi ancora che un giorno con te
dà felicità per dieci anni

Mi raggiungi, in fretta,
ed abbassi la mia testa e baci la mia fronte
e mi abbracci,
come un naufrago la battigia

Dove sono andate, quelle serpi, adesso?

*Canto n° 117 "L'incontro"

Oh, mio amore!

Neppure i giganti
che vivono oltre le montagne
potrebbero aver coperto,
con i loro passi tonanti,
le distanze,
quella che i viaggiatori misurano
in mesi di cammino,
quella che la gente con la mente chiusa misura
nel numero di mattoni in un muro di regole,
che ci separavano

Sembrava impossibile
che tutto potesse cambiare in nostro favore,
ed infatti non è avvenuto

Ma noi cambiammo abbastanza noi stessi
da decidere che "impossibile" è
tanto più vero quanto più decidi di crederlo

Lasciami battezzare la tua spalla sinistra
con le mie lacrime di dolore,
fino a che non avrò versato tutte quelle
che ho pianto lontano da te

E lasciami battezzare la tua spalla destra
con le mie lacrime di gioia,
e poi non dimentichiamo mai ciò che abbiamo imparato
e poi sorridiamo a questo abbraccio,
come quello del Sole e della Luna
nel cielo di un tardo pomeriggio

Canto n° 38 "L'attesa (Tepore che svanisce)"

Oh, mio amore!

Seguendo le correnti del tempo,
sulle quali l'intero universo galleggia, trascinato via,
lasci la tavola

Le piante e le dita dei tuoi piedi
carezzano lievi le tessere colorate
componenti il mosaico marino,
e lasciano delicate impronte di ritmo
nel silenzio, cosparso di cinguettii, del pomeriggio

Guardo la tua figura che si allontana,
la tua veste bianca che ti accarezza le caviglie,
e sorrido, in anticipazione
del momento nel quale sarai di ritorno,
una volta sistemate
alcune inderogabili questioni terrene

E scopro che sorrido, anche,
perché una parte di te siede ancora con me,
a questa tavola,
attorno al tè, ai pasticcini, ai fiori

È il tuo tepore, quello delle tue dita,
che, appena adesso,
stavano gentilmente toccando le mie

Poi, quel tepore svanisce

Ma sorrido ancora, con fiducia,
ed attendo ancora un po'

I miei occhi si avventurano
nella penombra dell'atrio
in cui hai fatto il tuo ingresso

Trasalisco e sussulto sulla sedia!,
quando all'improvviso mi abbracci da dietro!

Hai lasciato la casa da un'altra porta!

Oh, mio giocoso amore!

*Canto n° 123 "Ode di Primavera"

Oh, mio amore!

Sono come una fresca brezza
sospesa nel blu sconfinato,
guardando giù
alle vaste estensioni dei toni del tuo volto

Non quelli astratti e spenti
che un artista lascerebbe alla pagina,
ma piuttosto
attraversate da leggere rughe
e punteggiate di pori,
pozzi, in cui i miei occhi sono ansiosi
di lasciarsi affondare, per esplorarli

Ed ogni singolo poro
della tua concreta bellezza
fiorisce nella mia mente
come un selvaggio fiore arcobaleno

come un albero,
che cresce centinaia
di selvaggi fiori arcobaleno

come una foresta di centinaia di alberi,
ciascuno che cresce centinaia
di selvaggi fiori arcobaleno

E la pelle sui miei polpastrelli brucia,
nell'anticipazione di toccare la tua pelle,
e prude come prossima
a crescere prati di erba danzante,

e poi alberi, anche,
come se le mie viscere potessero essere avvolte e stritolate
da dure radici che odorano di suolo, muschio e rugiada,
invadendo il mio corpo
per germogliare e fiorire dai miei pori, a loro volta

E le mie vene diventano rami
carichi di grappoli di frutti maturi,
la cui polpa è turgida di succhi,
la cui buccia è soffice come la mia anima
quando fissi la mia incantata persona,
tutti formati e pulsanti come il mio cuore

E queste parole sono il mio umile raccolto,
offerto
all'altare della tua Primavera benedetta

Canto n° 85 "Due colombe"

Oh, mio amore!

Chiassose campane adornano la loro gioia
con una cacofonia di melodie,
solide come bronzeo, canterino amore,
intrecciate come i loro destini

I nostri ebbri canti
ricordano loro dei celestiali abissi
che il loro sentito giuramento ha dischiuso,
ed augurano loro e li rassicurano
che ogni giorno potrà sapere di infinito,
se lo vorranno

I più sublimi sapori
e le più invitanti fragranze
danno beatitudine ai nostri corpi,
mentre le due colombe
sembrano insaziabili solo
delle visioni delle prelibatezze
con le quali presto banchetteranno

Il Sole ci inonda
con raggianti benedizioni,
ma una nuvola arriva e
ci bagna con un coro leggero

Tutti ridiamo: è la vita, dopo tutto!,
e le nostre colombe sono inconsapevoli,
perse, eppur trovate, come sono,
l'una nell'altra

Raggiungi le mie dita
posate sull'erba, con le tue,
uno, due, quindi tutte insieme,
poggiate alle mie, avvolgendole
con il tuo fuoco delicato

Una Luna fiorisce sulla mia faccia
prima che ti guardi,
è ciò che ho promesso
vedrai sempre

Stringo gentile le tue dita,
e ciò basta: un giuramento,
non detto, firmato dai nostri sorrisi,
che, un giorno, verrà il nostro turno
ed allora il mondo suonerà
un'incessante sinfonia
per te e per me, come una persona sola

VI. Tribolazioni (Delusione, Pt. II)

"Non conosco pace, e bramo il tuo perdono"

*Canto n° 113 "Come se non ce ne importasse molto"

Oh, mio amore!
Il nostro amore è come guardare il mare
e le sue onde, venire, ancora e ancora,
ostinatamente, determinate a cancellare parole
che non hai mai tracciato sulla sabbia

Il nostro amore è come quell'improvvisa ispirazione
che prende forma, ogni dettaglio nettamente definito,
ma stai prendendo sonno, così decidi
che la scriverai al mattino,
ma quando ti svegli
rammenti soltanto
quanto fosse buona

Il nostro amore è come andare
in un certo posto, un giorno, per incontrare qualcuno,
ed aspettare per sempre, e piovere la tua anima perché non arriva,
solo per ricordare, molto più tardi,
che l'appuntamento non era
né con quella persona, né in quel posto, né in quel giorno
o a quell'ora,
e che, anzi, non c'era nessun appuntamento, niente affatto

Il nostro amore è come
se qualcosa mancasse sempre
e nessuno, tranne noi stessi,
potesse farci qualcosa,
ma non lo facciamo

Il nostro amore è
come se lo stessimo lasciando morire
e non ce ne importasse molto

Canto n° 19 "Mi dicono che non posso amarti"

Oh, mio amore!

Mi dicono,
con un cuore più freddo del ghiaccio
e più duro della pietra,

che non posso amarti
perché loro hanno autorità
sulla mia stessa vita

Ma io dico loro
che il regno di Dio
è sopra a tutto,
cominciando dai nostri cuori,

e dunque,
se Dio vuole che tu ed io
abbiamo i cuori che battano come uno solo,
come possono rivendicare di avere
più autorità di Dio?

Forse, Lo vedono
inginocchiarsi al loro cospetto,
mentre loro siedono sui loro stessi cuori,
che loro negarono e lasciarono diventare
di ghiaccio e pietra,
dimenticando che appartengono ancora ad Egli?

Canto n° 12 "L'albero ed i suoi frutti"

Oh, mio amore!

Mi chiedono, crudelmente,
di scegliere tra
loro stessi e te

Ma mi minacciano
di porre fine alla mia vita,
se la mia scelta ricadrà su di te

Che follia!

Hai mai visto un albero
minacciare i suoi stessi frutti
di lasciarli disseccare

Se oseranno cadere,
quando questo è proprio ciò
che si suppone che facciano?

Canto n° 27 "Ciò di cui perfino la morte ha bisogno"

Oh, mio amore!

Dubitano del nostro amore,
e pensano che noi siamo
come attori su un palcoscenico

Ma questo significa soltanto
che non c'è amore che essi accettino,
perché temono di perderlo,
e non c'è amore che essi donino:

a se stessi, prima di tutto,
così spingono via l'amore,
dando a se stessi quel dolore
che credono di stare evitando

Ma, dovremmo evitare di vivere, forse,
solo perché un giorno
lasceremo questo mondo?
Anche la morte ha bisogno della vita,
per avere un senso

Canto n° 88 "L'ombra"

Oh, mio amore!

Ti cerco
tra la folla colorata
che riempie la piazza della torre

E qualcuno dietro di me dice
che sei alla vecchia fontana

Raggiungo la scultura di drago
che da sempre versa acqua,
ma non ci sei: perché hanno detto ciò?

La tua assenza mi fa impazzire, ora!
Sento l'acqua gorgogliare
che in realtà ti trovi al tempio!

Entro nelle sale adornate di velluto,
osservo la gente in preghiera,
ma nessuno di loro è te!

Tra le preghiere, qualcuno bisbiglia
che ti si può trovare nel deserto!

Mi avventuro tra le dune e grido il tuo nome,
ma la sabbia mi riempie la gola
e le mie gambe mi tradiscono per la fatica

Piango per me, per la mia follia,
perché di certo non hai mai raggiunto quel posto,
quando due mani mi rialzano!

Oh, mio amore!

Sei tu, che baci il mio volto,
dicendomi che eri sempre dietro di me,
dandomi tutte quelle indicazioni

Mi porgi
un copricapo
che hai acquistato al mercato,
una borraccia
che hai riempita alla fontana,
un rosario di legno
che ti è stato donato al tempio

E poi mi porti a casa

Canto n° 35 "La lettera (ed il mio coraggio)"

Oh, mio amore!

Con mani tremanti, giro e rigiro
la lettera che mi è stata consegnata
da parte tua

Perché
non mi hai detto tutto
guardandomi negli occhi?
Non ne hai trovato il coraggio?

Non riesco a trovare, ugualmente,
quello per aprirla
E se mi fossi immaginato
quello che è più comodo,
per me, credere?

Ma, i miei amici arrivano
e, scherzosamente, la prendono!
E ne spezzano il sigillo!
...ed il foglio, una volta dischiuso,
si rivela avaro di parole

C'è soltanto un capello stellato
che riconosco come appartenente a te
E mi domando: significa...
...che i tuoi pensieri per me
sono tanti quanti i tuoi capelli?
...o, sono io nella tua mente
tanto quanto un capello caduto è sulla tua testa?

Perché giochi con il mio povero cuore?

Canto n° 18 "Domande ed ammissioni"

Oh, mio amore!

Mi domandi
quanto io ti ami
mille volte

Ogni volta, rispondo
con ogni sorta di paragoni e metafore,
toccando ogni possibile ambito
come filosofia, matematica,
poesia, scienza, e molti ancora,
eppure,
non sembra mai abbastanza per soddisfarti

"Non mi amo", ammetti, riluttante

"Allora, d'ora in poi, io non ti amerò
in misura maggiore di
quella che applichi alla tua stessa persona",
prometto,
con la certezza
che comprenderai

*Canto n° 122 "Proponimento d'Estate"

Oh, mio amore!

Il caldo nei nostri cuori brucia
la sabbia sotto ai nostri piedi,
fino a che si scioglie in vetro,
troppo fragile per essere toccato,
e quindi la frantuma ancora,
in polvere scintillante
che il vento ci getta negli occhi,
rendendoci come belve,
cieche e furiose,
l'una contro l'altra

Ma questo non è
ciò che l'amore dovrebbe farci provare

Distruggerti,
come un frutto troppo maturo che esplode,
la sua polpa che cade, sprecata,
questo non è ciò che il mio cuore
mi permetterebbe mai di fare a te

Allora spingerò via il torrido Sole,
anche se le mie mani dovessero diventare di carbone,
e lascerò che la notte cada su di noi,
così che,
in quella beata illusione per poeti
che la Luna è,
una fresca brezza accarezzerà i nostri cuori tormentati,
e noi cesseremo di provar dolore dentro,
e non avremo altre parole rimaste, da dire,
che quelle
che sono come balsamo per l'anima

Canto n° 37 "Per giustificare la tua assenza"

Oh, mio amore!

È nel cuore interrogativo
della notte
che rivisito il giorno
appena perduto,
trovando infinite ragioni
per giustificare la tua assenza

Precipitasti in una grotta
in profondità dentro il ventre pietroso
della vecchia Terra?

Ti trovi sotto l'assedio
di bestie feroci
in una putrida foresta?

Hai perduto la vista
e non puoi ritrovare la via,
i tuoi passi smarriti chissà dove?

Ti perseguita, forse, un crudele dolore?
(Ma allora, perché non hai cercato
consolazione in me?)

È così tanto più facile,
credere a tutto questo,
quando il Sole volta le spalle...

Canto n° 66 "(Aspettando) Risposte"

Oh, mio amore!

Ti scrivo lettere
che affido ad un'anima misericordiosa,
così che tu possa averle,
e l'attesa delle tue risposte
mi spinge sull'orlo della follia

Ho scritto di aver sognato di te:
tu, dei prezzi al mercato

Ho trascritto un'ode che ho composto su di te:
tu, teoremi di un matematico folle

Ho descritto come immagino il nostro futuro insieme:
tu, il declino di un antico re

Le mie lacrime sbavano le parole con le quali
sto scrivendo la mia paura più oscura:
che tu possa non amarmi più!

Mi darai ancor più frivolezze?

O, mi risponderai, questa volta?

Canto n° 72 "Più facili da indovinare"

Oh, mio amore!

Ho il privilegio,
e tuttavia, l'ardua missione,
di aiutare la gente
di tempi ora molto remoti
a levare le loro voci polverose,
dalle proprie lapidi sbrecciate,
dimenticate e perdute
tra l'erba alta

Guardo un segno secco di inchiostro
che macchia una pergamena,
e mi domando se sia un serpente,
o forse una vocale

Esamino un segno scolpito
su una pietra segnata,
e mi domando se sia un numero,
o soltanto un'incisione fortuita

Oh, mio amore!

I pensieri di quella gente
sono ancora confusi,
per la mia mente esausta,
dalle nebbie dell'oblio

Eppure, ai miei occhi lacrimosi,
sembrano più facili da indovinare
dei tuoi furibondi cipigli
e dei tuoi persistenti silenzi

Canto n° 22 "Sbriciolarsi e crollare"

Oh, mio amore!

Il suono delle tue parole
scuote ancora le mie orecchie
come un insetto velenoso
bloccato dentro, che punge e morde
la sua via verso il cervello

Il pensiero del tuo grazioso volto
stravolto da un cipiglio,
il dolore per il tuo sdegno nei miei confronti,
la persona che ti ama di più,
è come fuoco che mi divora il midollo

Alzo gli occhi alle nuvole massicce
incombenti minacciose su di me
e vorrei che potessero sbriciolarsi e crollare
e seppellirmi con la mia colpa

Non conosco pace, e bramo il tuo perdono

Canto n° 26 "L'albero e la nuvola (come me e te)"

Oh, mio amore!

Il mio amore per te
è come quella persona
che seminò un seme nella terra
e se ne occupò
per farlo crescere e diventare un alto albero
e per arrampicarvisi fino in cima
e, da lassù,
abbracciare il cielo

Il tuo amore per me
è come quella nuvola
che crebbe, nera e pesante,
finché non piovve così tanto
che le radici della pianta
furono strappate
e l'alluvione se la portò via

Canto n° 51 "Accecati"

Oh, mio amore!

Ti dico che ho occhi solo per te,
ma tu lodi le qualità
di chiunque, tranne che le mie

Compongo versi e canzoni per te,
e tu mi auguri, gridando,
che possa mordermi la lingua
e strozzarmi con le mie parole sdolcinate

Ti dono rose delicate,
ma tu stacchi le spine
e me le tiri addosso

Ti domando dove dovremmo incontrarci,
e le tue precise istruzioni mi fanno perdere
nelle putride sabbie mobili

Ti confesso quanto profondamente io ti ami,
e tu rispondi che il tuo odio per me
non può esser detto a sufficienza in tutte le lingue degli uomini

Ti domando perché stai con me, allora,
e tu ammetti allegramente che la mia distruzione
è la sola cosa che possa renderti felice

Oh, mio amore!

Sono colpevole di mancare di rispetto al nome dell'amore,
ma tu, i tuoi occhi accecati dal tuo desiderio di rovinarmi,
non vedi che ti stai affogando con le tue stesse mani?

***Canto n° 105 "Le tue mani, e le mie"**

Oh, mio amore!

Le tue mani hanno passato
il pane, la zuppa, la frutta
che hanno salvato molti
dall'essere divorati vivi
dal proprio stomaco

Le tue mani hanno versato
l'acqua e l'olio
che hanno salvato molti
dalla vergogna di se stessi
per il fango sulla propria pelle

Le tue mani hanno impartito
carezze e benedizioni
che hanno salvato molti
dal sentirsi abbandonati, respinti
dalla loro gente, o anche da se stessi

Oh, mio amore!

Le mie mani, ora, amorevolmente,
nutrono, lavano, carezzano, benedicono te
per provare a salvare la tua anima
imprigionata da qualche parte, indifesa ed incatenata,
dalla tua mente
andata perduta

Canto n° 96 "Se solo potessi"

Oh, mio amore!

I tuoi occhi, asciutti pozzi di cielo notturno,
volteggiano frenetici,
verso il cielo infinito,
cercando solo Dio sa cosa

"Amore mio…" sussurri,
ed io, piangendo, ma sorridendo, per te,
ti dico che sono qui, amore mio!
Sono sempre qui per te…

Una lacrima ti scivola sulla guancia,
lungo una piega sulla pelle,
ma le tue palpebre non si muovono più,
ed i tuoi occhi non cercano più

Perché il tuo petto è fermo, amore mio?

Oh, questo corpo amato!,
che cercò e trovò,
in me e nel mio abbraccio,
rifugio contro le tue paure,
ed offrì a me lo stesso,
ed ancor più;

Questo corpo, la cui passione per me
mi scosse il cuore,
annebbiò la mia mente,
mi infuocò, e guidò la mia anima
oltre i confini dell'universo;

Questo corpo, che combatté con me,
e per me,
supportante, supportato,
è ancora pelle, carne, ossa, e sangue,
eppure, tutto diventato senza moto

Ora, più che mai, io so che
la tua anima - questo corpo, il suo strumento -
era marea per la mia riva,
e riva per la mia marea

Piango mari sotto e nuvole sopra,
al pensiero della tua anima, dispersa,
ancora anelante il tuo corpo,
tuttavia!, attratta da stelle intransigenti!

Se solo potessi abbracciare il cielo
e morderlo a grandi bocconi
e raccogliere e riunire la tua anima,
scintilla dopo scintilla,
e darle una stilla di vita,
e riversarla nel tuo corpo
con un bacio disperato!

Oh, mio amore!

Mio amore per sempre!

Canto n° 92 "Vermi ed alberi"

Oh, mio amore!

Sono nella nebbia che si alza dai campi
che i tuoi percorsi attraversano
ogni giorno

Sono nella schiuma del mare
che affiora dai cavalloni
che si schiantano a riva,
ripetutamente, senza speranza,
alla tua vista

Sono tra le teste che si girano,
e gli occhi che ti ammirano,
quando, timidamente, passi per la via

Sono il refolo di un caldo vento
che ti avvolge il viso
con il velo che indossi

Sono in ogni raggio di Sole
che si imbatte felicemente in te,
per trasformare la tua bellezza
in una testimonianza
dell'esistenza dell'amore

Sono in ogni goccia di pioggia
che scivola giù per
le tue guance,
il tuo collo,
il tuo petto,
come le lacrime che piangi per me

Entro nella tua stanza,
mentre dormi,
e provo a rubare un bacio,
ma sono via da troppo tempo,
e non rammento neppure troppo bene
come si faccia

Ma non potrei baciarti,
comunque,
quando il mio corpo

Nutre vermi ed alberi

VII. Fine

"Non erano, le tue promesse, dopo tutto,
come quel fumo, che una brezza
può disperdere senza fatica?"

Canto n° 52 "Interruzioni"

Oh, mio amore!

Suona, la musica, e noi balliamo in tondo,
come gocce nel mare, tra la folla

Interrompe, il flauto, il suo firulì-firulà,
ci separiamo, poi facciamo una giravolta,
ma presto, le nostre mani unite,
ci diciamo "Tu mi appartieni!"

Interrompe, il violino, il suo zin-zin,
ci separiamo, ancora un giro,
eppure, come per i pipistrelli nel buio,
ritrovarci assieme è una facile sfida

Interrompe, il tamburo, il suo dum-dum-dum,
ridendo, ci voltiamo

Svanita, è la musica.
Amore mio, dove sei?!

Ballano sul silenzio,
si voltano verso di me,
e fanno "Ssssst! Ssssst!"

*Canto n° 121 "Lamento d'Inverno"

Oh, mio amore!

Da dopo il tuo abbandono,
un vento penetra nella mia carne,
tagliando le mie ossa in fogli sottili
che si sbriciolano in polvere
che altri venti portano via,
per disperderla nell'oceano vagamente disegnato nelle mappe
che essi sempre accarezzano e schiaffeggiano,
dove il leviatano la mangia,
e poi, un giorno, muore
ed il suo immenso corpo cade
sul fondo dell'oceano,
nell'oscurità, dove è perduto, dimenticato, per sempre,
in decomposizione,
fino a che le sue ossa sono incrostate di sale
e piccole creature costruiscono su di esse
le loro case e torri e città,
come architetti pazzi
che infrangono ogni regola che gli uomini codificarono,
e la polvere delle mie ossa è là,
mescolata alla sabbia immobile,
immersa in quella densa oscurità
che rimarrà, perpetuamente

E presto nulla sarà rimasto di me,
anche quassù, dove il Sole brilla ancora pallido,
tranne gli echi della mia voce rotta che invoca il tuo nome,
confusi e dispersi
tra un milione di altre storie
che il vento perennemente racconta

Canto n° 48 "Salato rimpianto"

Oh, mio amore!

Non trovo pace!
Anche il Sole mi interroga,
accusandomi dei miei crimini,
promettendomi di bruciarmi
come meritata punizione,
ma la mia lingua resta immobile,
perché non so cosa dire

La Luna mi accoglie,
rivestendo le mie spalle sussultanti
con il suo pallido velo di seta,
mentre piango vicino al salice,
eppure resta in silenzio,
come se non potesse
darmi alcun suggerimento

Mi hai sorriso,
ed hai chiamato il mio nome,
come se fosse Vita,
un giorno che non avrei potuto prevedere
in un milione di anni

Ed hai sorseggiato le mie parole,
e ricamato indumenti con esse,
usando fili di argento ed oro

Ed io ho pensato che fosse beatitudine

Ma ora, indumenti strappati
con ricami non finiti
giacciono sul pavimento,
usati come stracci,
e non riesco a trovarti,
e quando vi riesco,
i tuoi occhi evitano il mio sguardo

Ed io non so se sia colpa mia,
così che la mia lingua, il mio dito indice, i miei piedi
dovrebbero essere duramente condannati,
o se sia solo un mutamento del tuo cuore
di fronte al quale non ho altra scelta

che quella di inchinarmi umilmente,
mentre spargo lacrime
di salato rimpianto

Canto n° 70 "Come ho potuto?"

Oh, mio amore!

Ho viaggiato lontano, là
dove il Sole si nasconde
e gioca con stelle diverse

E c'eri anche tu, con me,
nei miei occhi, nei miei pensieri,
nei battiti del mio cuore, sulle mie labbra,
come mio pegno di quella promessa
che scambiammo temerariamente
di rincontrarci, un giorno

Ho visto la tua spalla, il tuo fianco ed il tuo tallone,
come quando fai un sonnellino in estate,
nel profilo di verdi colline
il cui nome è difficile da pronunciare

Ho trovato sapore e rotondità
della tua bocca che banchetta con la mia,
nella polpa di certi frutti,
come non ne avevo mai veduti prima

Ho creduto fossi ad un passo da me,
a supplicare il mio nome,
nel bel mezzo di intricate foreste
abitate da strane creature

Oh! Da quando ho intrapreso il ritorno,
ho sorriso per ogni miglio tra noi
al quale ho detto addio!

Ed ora, finalmente, ti incontrerò!

Corro alla tua porta, ma è aperta
e la tua casa abbandonata,
saccheggiata!

Dicono che,
un bel giorno,
tu... non c'eri più!

Dove sei?
Hai forse perso la via sulle mie tracce?

Dovrei ripartire, ancora,
e tornare sulle mie orme,
per riconoscere le tue
che seguono le mie?

Od ho finito con il perderti,
da qualche parte,
perché ti avevo, da egoista,
nel mio cuore, per tutto il tempo?

Dove potrei aver lasciato che scivolassi?

Come ho potuto,
oh, mio amore?!

Canto n° 30 "Foglia e pietra (Perché e perché)"

Oh, mio amore!

Perché?
Perché non puoi restare?
Sei, tu, forse, come foglia morta,
caduta dal ramo
e trascinata via dalla pioggia,
giù, in quella crepa,
in profondità, nella roccia,
dove l'acqua tormenta
e il vento spaventa,
impossibilitata a farci nulla?

E dopo che mi hai avvolto brevemente
e mi hai fatto sentire come sia esser vivi,
sono io, veramente, come pregnante pietra,
seppellita nel terreno?
Perché non posso venire ed incontrarti?
Perché?

Canto n° 44 "Ocra, azzurrite ed indaco"

Oh, mio amore!

Il tuo amore
è come ocra, azzurrite ed indaco,
imponenti estensioni di pigmenti
su di un immenso bassorilievo,
che un tempo rappresentava una gloria presente
e prometteva
di poter resistere
alla prova del tempo
e degli inflessibili elementi,

ma ora sbiaditi,
se non cancellati,
non più capaci di nascondere
la graffiata miseria
di quella nuda pietra
che nessuno ammira più
o ha cuore di rivestire
ancora

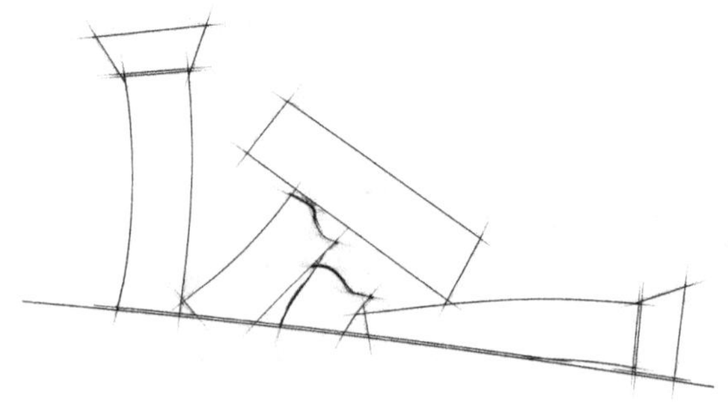

Canto n° 7 "Perché non mi appartieni,
perché non ti appartengo (non più)"

Oh, mio amore!

Mi chiedono perché
non mi appartieni più

Scuoto la testa
e dico loro che sono folli
se pensano che qualcuno potrebbe mai possedere
la tua pelle di morbida ambra
i tuoi occhi che rivelano spazi remoti
la tua risata come arpa d'angelo
la tua mente che vaga tra le stelle
il tuo cuore che pompa oceano e magma

Quindi, beffardi, mi chiedono come mai
non ti appartengo più

Vorrei poter dire
che ragiono come ho appena fatto

Ma la verità è
che lo vorrei ancora

Canto n° 53 "Distrazioni"

Oh, mio amore!

Corro e corro tutto il giorno
dietro ai miei doveri ed ai miei sogni

Passo vicino alla tua finestra aperta
per salutarti,
e tu mi canti una canzone che parla
di quell'angelo che, tutto il dì,
intrecciava il Tempo per conto di Dio

Mi prendo cura, tutto il tempo,
di estranei intorno a me

Mi imbatto in te, e prometto solennemente
che ti parlerò domani
e tu cominci a cantare
di quella madre che dimenticò il proprio nome
per ricordare quello del proprio figliolo

Abbraccio i miei amici,
bacio la fronte di mia madre,
ovunque, sempre

Cammino tenendo le distanze da te:
capisci, è un segno di rispetto!
E tu canti una vecchia canzone
su quell'uomo che era invisibile,
ad eccezione del suo cuore pulsante

Vieni a cercarmi

E poi reciti un poema sulle montagne,
sulle loro radici profonde e massicce

Guardo altrove per un istante,
e quando mi volto verso di te,
non ci sei più

Ti cerco ovunque,
ma non riesco a trovarti!

Dove sei,
oh, mio amore?

Canto n° 34 "Il suono dell'amore"

Oh, mio amore!

Domando al magma nel vulcano,
che mi brucia con il suo calore,
se mi ami ancora, ma mi risponde
"Grrrrraaaaaooor! Rummmmmmmmbl!"
e temo che possa significare
che sei furente contro di me

Domando al vento,
che ulula così forte da coprire la mia voce,
se tornerai mai, ma mi risponde
"Uuuuuuuuuh! Uuuuuuuuuuh!"
e temo che possa significare
che non lo farai mai

Domando al mare,
le cui onde selvagge si spezzano su di me,
di consegnarti il mio messaggio, ma mi risponde
"Shhhhhhh... shhhhhhh..."
ed io sento che mi sta suggerendo
che dovrei dimenticarmi di te

Domando al mio cuore
che batte debolmente dentro
che cosa dovrei fare, ed esso, ostinato, risponde
"Tump-tump... tump-tump..."
ed io penso che mi stia dicendo
che si suppone che io viva

proprio come stai facendo tu

***Canto n° 104 "La tragedia"**

Oh, non più mio amore!

Alla tua vista,
quando ti specchi
in una ciotola d'acqua fresca,
per assicurarti che
il tuo aspetto traditore
ingannerà
un'altra vittima innocente,
il caro liquido imputridisce
e diventa dimora
di disgustose creature

Al suono smielato
delle tue false parole,
anche le pietre
ribollono dentro, appena capaci
di non scoppiare,
per la facilità con cui
le tue menzogne negano
l'essenza stessa
dell'universo esistente

Al compiersi
delle tue maligne manovre
perfino le ombre,
tue complici favorite
nel tuo lugubre covo,
ed ovunque il tuo
veleno che sa di miele
è trangugiato,

perfino le ombre
sono disgustate da te,
al punto che desiderano
di lacerar se stesse
per lasciare entrare la luce
ed esporre la tua truffa

Folle!

Non sai che un giorno
ti si ritorcerà tutto contro,
e sarai tu, a sorseggiare
il tuo stesso mortale veleno?!

Ricordo ancora cosa si provasse,
essere ubriachi di quella
disgustosa dolcezza,
e poi, all'improvviso,
strozzarsi
sull'insopportabile amarezza!

Provo solo gratitudine,
perché non sei più al mio fianco,
e mi rincresce
per chi ha preso il mio posto,
ma mi meraviglio di più,
con sgomento,
della catastrofe che deve essere
essere te, e, ancor più,
non rendersi conto
della tragedia che è

Canto n° 21 "Non lo rimpiangerò"

Oh, mio amore!

Vorrei
non aver mai lasciato i miei occhi
affondare nei tuoi!

Perché questa fusione di cuori
è irraggiungibile

come il nettare versato in una coppa
riservata a qualcun altro,

come il trono di un regno
per aspirare al quale sei troppo modesto,

come il bambino appena nato e portato via
prima che la madre possa attaccarselo al seno

Ma, no, non lo rimpiangerò!

Almeno, ho avuto il merito,
del quale vado fiero,
di essere la persona che ti ha fatto provare
come ci si sente ad essere amati
disinteressatamente

Canto n° 36 "L'ultima lettera"

Oh, mio amore!

Sale, azzurro, incerto
e fragile, il fumo
dalla tua ultima lettera
che, io, sto correggendo
con il sigillo del fuoco

Non erano, le tue promesse, dopo tutto,
come quel fumo, che una brezza
può disperdere senza fatica?

Possa, allora, la nobile carta,
incolpevole per il loro inganno,
essere liberata dalla macchia
della loro gocciolante materializzazione!

Così che anche io, possa trovare la libertà
da ogni segno opprimente,
scritto nel libro della mia vita,
che abbia reso troppo duro e pesante
il girar pagina

Oh, tu, anima finalmente dimenticata!

Canto n° 87 "Doni vivi"

Oh, mio amore!

Non hai mai mancato, non un giorno,
di farmi un dono:
una lucertola in una gabbia,
una farfalla in un fazzoletto di seta,
un pesce in una ciotola piena d'acqua,
una pianta grassa in un vaso

Ho pensato intendessi dire
che anche tu, come me,
desiderassi
che il nostro amore, vivo,
potesse durare per sempre,
così mi presi cura di tutto

Tuttavia, quando te ne andasti, un giorno,
desiderai di lasciar morire tutte quelle creature,
come tu avevi appena fatto al nostro amore,
ed al mio cuore

Ma non lo feci, dopo tutto,
perché compresi che i tuoi doni
potevano significare, forse,
che la vita sarebbe sopravvissuta
anche dopo la fine del nostro amore

VIII. Teoremi

"Non sarebbe, quella, solitudine travestita?"

***Canto n° 120 "Le mie preghiere a Dio"**

Le mie preghiere a Dio
iniziano con voce tonante,
mentre Gli chiedo fiduciosamente
di metterti sul mio cammino,
perché come potrei non meritare
di averti
quale mia felicità?

Le mie preghiere a Dio
proseguono con un tono moderato, ed a volte incerto,
mentre ricordo di chiederGli
di aiutarmi a prepararmi bene,
perché sarebbe terribile, per te,
se io non fossi capace di essere la tua felicità, in cambio

Le mie preghiere a Dio
a volte affievoliscono tra sussurri dispersi
e lunghe pause,
mentre Gli chiedo, con il mio cuore pieno di vergogna,
come posso mai osare di chiedere un po' d'amore per me
quando sono così fallace ed immeritevole!
Come un vaso di terracotta
che è riuscito tutto storto, ed orrendo,
ed il vasaio stesso lo tiene nascosto,
perché nessuno lo acquisterebbe mai

Le mie preghiere a Dio
finiscono, raramente, con un silenzio desolato,
mentre penso di essere una tale punizione!,
ma allora qualcosa, in profondità, mi dice
che né l'amore è mai stato inteso per esser respinto,
né, le preghiere, per rigettarlo

Canto n° 40 "Dell'interpretazione errata dei segni"

Oh, mio amore!

Quanto crudele, è, il mio destino!
Appena ieri,
il tuo sdegnato "no!"
cadeva sul mio collo
come lama affilata di spada

E già oggi,
non sta, quest'altra persona,
che avevo notato tanto quanto un'ombra,
provando a vincere il mio cuore?!

Ma quel che è peggio è che,
non importa quanto risolutamente
non abbia dato speranza,
questa peste ha promesso
di non arrendersi mai!

Quanto è insolente!
È persino amore, quello?

Devo seminare quella scocciatura!
Nulla deve rallentarmi!

Questo dev'essere un segno, ed un invito:
mi apparterrai, certamente!

Canto n° 79 "Dimenticarmi di me"

Oh, mio amore!

Mi hanno detto
che dovrei dimenticarmi di me
e fare della tua benedetta persona
il vocabolario sulla mia lingua,
lo scopo in ogni mio pensiero,
la ragione della mia esistenza,

così da compiacerti
e non perderti mai

Ho domandato loro
come sarebbe,
vedere la tua stessa faccia
al posto di quella di chi ami,
e la tua voce
uscire dalla sua gola,
e le sue parole
essere nulla più
che flebili echi delle tue

Non sarebbe, quella,
solitudine travestita?

Canto n° 64 "Un giorno, sparii"

Oh, mio amore!

Sempre usavo dire,
a chiunque stessi parlando,
che tu eri il mio tutto
ed io, solo una cosetta

Ma desideravo
di poter esaltarti ancor più,
così cominciai a dire
che non ero nulla

Un giorno, chissà perché,
sparii:
forse uno stregone burlone
lanciò un incantesimo?

Troppo tardi, compresi,
quando vidi la tua disperazione:
come avevo potuto non immaginare
che avresti sofferto
quando il tuo tutto,
da amare, che ti amava,
era ora un nulla senza amore?

Canto n° 55 "Sangue del mio sangue, carne della mia carne"

Oh, mio amore!

Tu, sangue del mio sangue
e carne della mia carne,
sei furente con me
come una belva ferita,
e mi ferisci a tua volta
per farmi conoscere
tutta l'angoscia
che ti impongo con crudeltà

Ti getto
contro le spine,
in acque con fauci che mordono e masticano,
nel ventre ghiacciato della montagna,
nel fuoco spietato,
sotto l'ascia del boia,

ogni volta che pretendo
che tu ami
chi disprezza te

Te, mio amato cuore

Canto n° 74 "Il vaso di vetro"

Oh, mio mai più amore!

Dopo che lasciasti la mia vita
nel più fertile silenzio,
presi il mio cuore,
lo osservai schizzare sangue
da molti tagli slabbrati
e pensai
che solo tu ne fossi responsabile,
con la tua glaciale e tagliente indifferenza

Quindi lo misi in un vaso di vetro,
con olio e fiori,
e lo sigillai e lo misi via,
e me ne dimenticai
...o, almeno, ci provai

Come il vento,
che presto soffierà
per disperdere il muro di sabbia
che blocca la porta,
così fu, il Tempo, per il mio dolore

Ho trovato il vaso, oggi,
così l'ho aperto
ed ho tirato fuori il cuore,
che batte ancora debolmente,
e l'ho esaminato da vicino

Così come, da vicino,
dopo lungo tempo,
ho rivissuto nella mia mente
quegli atti della mia tragedia,
uno per ogni cicatrice,

ed ho realizzato, con sorpresa,
che le tue dita di ghiaccio
non l'hanno mai davvero toccato

Ero io, invece,
a pugnalarlo crudelmente,
ogni singola volta
che mi implorava di andarmene,
ogni singola volta
che ti preferivo, ad esso

Canto n° 77 "Fiamme furiose"

Oh, mio amore!

Dicono che sia egoista,
e che non sappia
cosa sia davvero l'amore,
perché non mi percuoto il petto con delle pietre
e non striscio ai tuoi piedi,
piangendo
sulla mia inadeguatezza

Ho domandato loro
come sarebbe,
abbracciare un albero
divorato da fiamme furiose

Canto n° 63 "Se ti vedessero arrivare"

Oh, mio amore!

I ruggiti ed i colpi
di questa viscerale pazzia
graffiano il cielo, furiosamente,
per rivelare, al di sotto, fiamme divoranti,
folle perversione del suo senso più vero e puro,
e scavano il cuore, senza costrutto,
per minare le fondamenta
di tutto ciò che è bellissimo
e dovrebbe piuttosto essere conservato

Dove sei, mio amore?
Se ti vedessero arrivare,
in tutta la tua pace, vedrebbero
che la guerra è solo nei loro cuori, e
si domanderebbero il perché ed il percome

I ruggiti ed i colpi sono finiti,
come se non fossero mai iniziati, come se
fosse stato un gioco di bambini, come se
non ci avesse tutti feriti, in realtà

Credo talmente tanto che un giorno arriverai,
che sarei ancora capace di sperarlo,
anche se il mondo crollasse
davanti ai miei occhi!
Ma se non lo farai, allora,
essi continueranno a pensare
che sono liberi di fingere
di non odiare se stessi, in realtà

Quando arriverai, mio amore?

Canto n° 76 "La perla"

Oh, mio amore!

Ho paragonato te
ad una perla del mare,
ma tu hai riso di me, andandotene,
accusandomi di prenderti in giro

Quindi, hai trovato una persona
di fronte alla quale prostrarti e da adorare

Come poteva finire,
se non con la tua perlacea preziosità
abbandonata e perduta,
come un ciottolo insignificante?

Tutto perché non hai mai saputo
il tuo straordinario valore

Domando in giro se sappiano
come avrei potuto aiutarti a vedere,
ma sono tutti troppo presi
a guardare dentro specchi vuoti

Canto n° 42 "Tu proprio non sai cosa sia, l'amore!"

Oh, mio non più amore!

Oggi, io lascio
il nostro campo di battaglia
che entrambi abbiamo
volenterosamente inzuppato
con sangue scuro
attinto dal profondo

Dicono "Non c'è mare
che non travolga una nave"
e "Non c'è vittoria
che non lasci una ferita",
ma li vedo
lacerare chirurgicamente
le loro stesse cicatrici,
e scavare nel profondo
per grattare le loro stesse ossa,
e, alla fine, pontificare
"Tu proprio non sai, cosa sia l'amore!"

E mi domando,
rispettiamo davvero l'amore,
se lo imbrattiamo
con le nostre budella?

E se lasciassimo che "amore" rimasse con "rovina",
allora, cosa potrebbe mai salvarci,
alla fine?

Canto n° 71 "Ho pianto così tante lacrime"

Oh, mio amore!

Ho pianto così tante lacrime
che i miei occhi stanno bruciando
e li tengo chiusi
per non vedere il tuo sdegno

Ho pianto così tante lacrime
che sulla terra intorno a me
sono cresciuti cespugli di spine
ed i loro frutti sono velenosi

Ho pianto così tante lacrime,
gridato così tante suppliche,
che la gente crede nella mia santità
e quando mi vede, si inchina davanti a me

Ho pianto così tante lacrime
che, oggi, una madre amareggiata
mi ha portato il suo bambino
i cui occhi sono accecati da un flagello

Ha domandato, "Potresti trovare un nuovo amore?"
Ho risposto, "Potrei, ma non voglio!"

Ha detto, "Piangiamo e ci disperiamo per la sua vista,
ma, non importa cosa facciamo, non può riaverla.
Ora, dimmi, quali lacrime
sono le più amare da inghiottire?"

Canto n° 49 "Ancora un regno"

Oh, mio amore!

Assaporo
il profumato nettare
dalle tue labbra tumide
che assediano e conquistano le mie

e la vicinanza
dei tuo morbidi seni
che promettono di proteggermi
dalla durezza della vita

Dai nostri troni, come monarchi,
ammiriamo il nostro regno,
questo momento, donato in quarti,
mai conquistato, già perduto

Ed è in frantumi, poi ricostruito, ancora,
sempre intimamente mutevole,
e ciò che un tempo era bianco
ora potrebbe essere nero,
o anche non esser più

Resisterà, la nostra promessa?
Come possiamo credere in un "per sempre"
che richiede così poco,
per un mortale pezzo di carne, il ritmare,
e per un altro, il giurare?

Oh, mia amata stella, ti prego,
voglia, tu, splendere
per ancora un regno!

Canto n° 84 "Tatuaggio (Là, dove davvero importa)"

Oh, mio amore!

Mi hanno domandato perché
non ho tatuato il tuo nome,
da qualche parte sulla mia pelle

Ho detto loro che,
solo leggendolo,
non troverebbero la tua essenza,
e ti confonderebbero
con tante persone omonime
che non sono affatto come te

Hanno insinuato
che non lo faccio perché
non ho fiducia che resterai

Ma ho detto loro che hai piena libertà,
anche di cancellare ogni traccia di me
dalla tua vita,
ma anche che non potresti farlo
se tu sapessi che il tuo nome
è per sempre con me

Allora mi hanno rivolto l'accusa
di non avere la certezza del mio amore
e di pianificare già di lasciarti,

Ma ho risposto
che se, un giorno, il mio cuore
perdesse l'amore per te, allora
come potrebbero, alcune lettere, bastare
per aiutare a ritrovarlo?

Quindi li ho lasciati,
per pregare Dio
di tatuare il tuo nome a me caro
sulle pareti delle cavità del mio cuore,
là dove non può essere visto,
là dove davvero importa,
ogni singolo giorno

Canto n° 43 "Il meglio che posso"

Oh, mio amore!

Mi trafiggono
con i loro sguardi sdegnati,
e mi chiamano arrogante,
mentre baciano i piedi dei loro coniugi
elevati a divinità,
la loro umiliazione di sé
trasformata in presuntuosa cattedra,
perché rifiuto di definirmi
fango indegno, o anche una nullità

Considerano davvero
una manciata di sozzura,
o un vaso vuoto,
doni adeguati a significare ammirazione?

Piuttosto, studio la tua eccellenza,
per provare ad impararla
e praticarla!

Sei la perla più perfetta
mai trovata nel ventre del mare:
mi rifinirò il meglio che posso,
per sottolineare il tuo splendore
e per darti ciò che possa onorarti

Canto n° 98 "Mani (L'intero firmamento)"

Oh, mio amore,
che arrivasti con venti caldi,
ed arruffasti i capelli sulla mia testa,
ed i pensieri in essa,
verso dove hai volato?

Oh, mio amore,
che conoscevi tutti gli inni,
ma mi insegnasti solo lamenti,
chi sta cercando di comprenderti, ora?

Oh, mio amore,
dei cui avvertimenti io dubitavo!
Tu, che te ne andasti senza una parola,
stai leggendo i segni?

Oh, amori miei ormai andati!
Oh, amori miei che verrete!

Ogni volta che rimasi
con le mie mani vuote,
credetti che la mia vita fosse vuota,
ed io, proprio nulla

Ma poi, un giorno, le vidi,
queste mani, le mie:
fu allora che aprii gli occhi,
nei quali l'intero firmamento
fu versato
tutto in una volta

Canto n° 73 "Iniziai a camminare"

Oh, non più mio amore!

Ieri il tuo nome
ha trovato il mio orecchio al mercato,
tra il brulicante pettegolezzo
che va dalla nascita alla morte,
passando per i prezzi delle merci

Mi ha sorpreso, quanto piccola sia stata,
la fitta che ha punto il mio cuore,
e quanto facile sia stato, per la puntura,
guarire se stessa

Un giorno,
qualche tempo fa',
quando le mie lacrime bagnavano il muro
al quale il tuo ritratto era appeso,
un angelo che profumava di rose
mi voltò con gentilezza
e mi mostrò la porta,
aperta sulla strada affollata,
sussurrando: "È tempo di andare..."
Ed io... io cominciai a camminare

Canto n° 24 "Ciò che amore vuol dire"

Oh, mio amore, per sempre mio amore!

I loro occhi mi condannano,
appena prima che le loro parole facciano lo stesso
nelle ombre sussurranti,
ogni volta che incontrano il mio sorriso

Preferirebbero, piuttosto,
vedermi avvizzire ed appassire,
lacrima dopo lacrima!
Oh, loro proprio non sanno
quanto sia stato inzuppato, il mio cuscino!

Che miserabili, sono!
Non credono nell'eternità?
Osano dubitare
il tuo amore per me, forse,
o il mio per te?!

Perché se mi lasciassi morire
per raggiungerti,
tu soffriresti per me,
immensamente!
"La tua felicità è la mia felicità",
questo è ciò che amore vuol dire

Canto n° 95 "Li lascerò ridere un po' di più"

Oh, mio amore!

Ridono e dicono
che ho passato troppo tempo
su questi libri pieni di formule
che loro non comprendono

Ma se dovessi considerare
il nostro viaggio insieme

Non dovrei sommare
i nostri sforzi,
insufficienti se separati,
bastanti se combinati?

Non dovrei sottrarre grandi quantità
dalla tristezza e dallo scoraggiamento
che ciascuno di noi ha dovuto provare,
perché l'altro era speranza viva?

Non dovrei moltiplicare,
per enormi quantità,
la gratitudine che ciascuno ha provato
perché l'altro era (ed ancora è)
dono vivente e presente?

E certamente dovrei dividere
pesi e dispiaceri,
che nessuno ha dovuto sopportare in pieno,
ed in solitudine,
perché l'altro li condivideva

E se scavassi
nel profondo alla radice
di ciò che ci ha fatto andare avanti fino ad ora,
non troverei il nostro amore?

E se dovessi descriverti,
non potrei dire, forse,
che più ti conosco,
più diventi
asintoticamente simile
ad un angelo?

Probabilmente non mi crederebbero,
se dicessi loro che il mio amore per te
cresce esponenzialmente, giorno dopo giorno,
ma è la verità

Così li lascerò ridere un po' di più,
quando dirò che noi due
diventiamo una persona sola
grazie al nostro amore,
e questa è matematica divina

*Canto n° 114 "Non ci ho mai pensato, prima"

Oh, non più mio amore!

Ci incontriamo per caso
sulla strada che costeggia il campo di grano
e finiamo col parlare di ciò che era,
ma ora non è più

Dici che non ti ho mai regalato un fiore,
non una volta
Dico che mi dispiace, ma
non ci ho mai pensato, prima

Dici che non ho mai domandato la tua opinione,
ma ho solo espresso la mia
Dico che mi dispiace, ma
non ci ho mai pensato, prima

Dici che non ero mai gentile nei tuoi confronti,
ma ti trattavo solo bruscamente ed in malo modo
Dico che mi dispiace, ma
non ci ho mai pensato, prima

Dici che avrei potuto dar valore all'amore che mi desti,
e a tutto ciò che facesti per me,
o, almeno, a ciò che sarebbe stato meglio, per me

È come se, per qualche incantesimo,
la mia lingua si fosse tramutata in pietra
Sono appena capace di dire che mi dispiace, ma
non ci ho mai pensato, prima

Canto n° 100 "Ancora, dal principio"

Oh, mio amore!

Proprio ora,
in questo preciso e prezioso momento,
io scelgo di restare,
per il tuo cuore, per il mio,
con tutto ciò che posso, sono, ho,

nonostante i pericoli ed i miraggi
che abbiamo lasciato alle nostre spalle,
che fecero avvizzire i nostri polmoni
e girare le nostre teste ovunque,
tranne che verso le pupille dell'altro,

nonostante l'imperscrutabile nebbia
verso la quale ci stiamo dirigendo,
che alimenterà ed accrescerà i nostri dubbi
sull'orlo della nostra caduta,
e tirerà la nostra fiducia per vedere
per quanto a lungo non si strappa,

proprio ora,
in questo sfuggevole, e già perduto, momento

Ed ora, mio amore,
in questo nuovo, inedito
ed infinitesimale
adesso,
che ha un po' di più il sapore
di beato infinito,
io riaffermo tutto questo, ancora,
dal principio

IX. Silenzio

(Silenzio)

Canto n° 25 "Ascolta!"

Oh, mio amore!

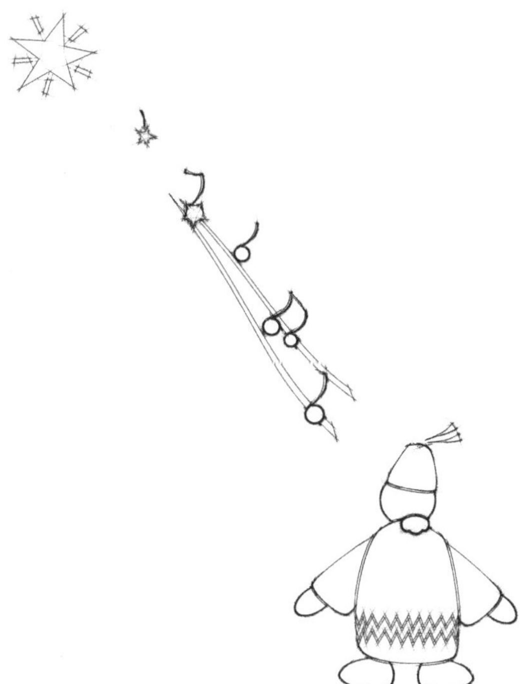

Non ho più parole rimaste da dirti, ora,
ma, forse, il mio silenzio,
speso per ascoltare attentamente
il tuo cuore, la tua mente e la tua anima,
che si schiudono per me,
è il più grande dono
che possa farti

POSTFAZIONE (A DOMANDE E RISPOSTE)

D: Oh, no! Ancora parole?!
R: Beh, questo è un libro. Si suppone contenga parole. E, dopotutto, dopo più di trecento e cinquanta pagine, che differenza può fare, una decina in più? (Qui mi ci vorrebbe una faccina ("emoticon") con occhiolino da Internet. Ma, dato che questo è un libro, diciamo che, dopo aver scritto questo, ho fatto l'occhiolino!)

D: Perché questi poemi sono prevalentemente tristi?
R: In una perdurante, ma speranzosa, attesa di una migliore situazione sentimentale, ho semplicemente scritto ciò che conosco di più: l'attesa... e la delusione.
Ma ce ne sono anche di felici, per i quali ho solo dovuto esercitare il potere della mia immaginazione... sono un creativo, dopo tutto!

D: Dove sono finite le rime? E perché i versi e le stanze non hanno regolarità nella loro lunghezza?
R: La poesia non richiede necessariamente le rime, o una regolarità nella distribuzione delle sillabe tra i versi e dei versi tra le stanze.
Non sto dicendo che non ci siano stili e generi di poesia che prescrivano regole specifiche: ce ne sono, infatti (anche se ammetto, come gli addetti ai lavori possono aver indovinato, che non conosco (non ancora, almeno) la teoria della poesia).

D: Perché 123, e non 100?
R: O 111, se è per questo! Quando ho iniziato a scriverli, non avevo assolutamente idea per quanto tempo avrei potuto continuare a farlo, ma davo quasi per scontato che mi sarei fermato ad un paio di decine o giù di lì... al raggiungimento dei 50, alcuni di coloro che ne seguivano la pubblicazione su Instagram hanno cominciato a suggerire che, beh, già che ero arrivato a 50... perché non a 100? Per fare cifra tonda!

Ed ero più che d'accordo, perché, sinceramente, avevo avuto anch'io la stessa idea, anche se devo ammettere che la seconda cinquantina di canti si è presentata, almeno per i primi, un po' più ostica nel sorgermi in mente... probabilmente, ipotizzo, per quel nuovo traguardo (prima, come ripeto, non me ne ero prefissato alcuno) di 100 che, da un punto di vista psicologico, mi appariva un po' intimidatorio...

Ma, come Chi legge può constatare, ho raggiunto quel traguardo.

E questo conseguimento, ipotizzo, oltre all'abitudine (che brutto termine!), ormai consolidatasi, deve avermi galvanizzato abbastanza da spingermi a proseguire a scriverne altri, non pubblicati su Internet (in questa raccolta, preceduti da un asterisco "*").

Sono arrivato a 111, la prima soglia che mi ero posta per questo libro... ma "un canto tira l'altro"... ed eccomi qui, a 123, un numero che, da un punto di vista estetico/matematico, ha il suo fascino.

Almeno, ai miei occhi!

D: Perché i canti non sono in ordine numerico crescente?

R: Comincio a rispondere col dire che, intuitivamente, i numeri dei canti mostrano l'ordine nel quale li ho scritti: di solito, dopo averne finito uno, lo postavo immediatamente su Instagram (questo, ovviamente, non vale per quelli speciali). Ho pensato che sarebbe stato bello mantenere anche qui quel numero, per dare a Chi legge la possibilità di ricostruire (ed a me, di ricordare) la sequenza temporale nella quale questi poemi hanno visto la luce.

I canti non sono in quell'ordine perché ho pensato di disporli in modo da ottenere (o, almeno, lo spero) un effetto di crescente intensità e coinvolgimento rispetto al contenuto di ciascuno.

In alcuni casi, poi, un canto si trova accostato ad un altro perché i due trattano di un argomento od una situazione simili, ma con esisti opposti.

Naturalmente, il Lettore è liberissimo di leggerli in qualsiasi ordine, per esempio, dal n° 1 al n° 123 (o anche al contrario).

Oppure si potrebbe leggerli a caso, o ordinati per numero, nell'arco di un capitolo... insomma, le possibilità sono illimitate!

D: Cosa rappresentano, i capitoli nei quali i canti sono raggruppati?

R: Come il tono e le situazioni nei vari canti dovrebbe suggerire, essi rappresentano varie fasi possibili dell'amore.

Dall'attesa di qualcuno che non si conosce chi sarà o se e quando arriverà (I), alla realizzazione dell'innamoramento (II), per proseguire con un amore ancora non dichiarato (III).

Si prosegue poi con vari esiti: l'amore dichiarato ma non corrisposto (in gergo, il famigerato "due di picche") (IV), una coppia che corona il proprio sogno d'amore (V), un'altra che attraversa non poche difficoltà (VI), per poi proseguire con i sentimenti che seguono la fine di un amore (VII)... e, per finire, con un capitolo che include canti che cercano di trarre lezioni dalle varie situazioni possibili (VIII) ed un ultimo che, spero, fornirà un ulteriore spunto di riflessione (IX).

D: Chi ha realizzato le diverse illustrazioni in copertina e nel libro? Come?

R: Io. Al computer, con più software (Open Source), di disegno vettoriale (cioè con manipolazioni di primitive (linea, cerchio, poligono, etc...)), di fotoritocco ed un plug-in (sempre Open Source) che permette di simulare effetti pittorici.

Non ho fatto tutto a mano, come gli artisti tradizionali, perché sono passati decenni dai miei esperimenti artistici scolastici... e penso di riuscire ad ottenere risultati migliori in questo modo.

D: Cosa significano, i vari simboli mostrati? Perché cambiano?

R: Una volta chiarito il significato dei vari capitoli, penso che quello dei simboli sia facilmente ricavabile.

La scena mostrata in un'illustrazione cerca di aderire al concetto/tema dominante in quel capitolo.

Per esempio, nella scena relativa al capitolo VI, in cui una coppia attraversa dei problemi, Sole e Luna non si fanno più gli occhi dolci, come nella scena del capitolo precedente (che rappresenta ancora una coppia, ma felice), ma guardano, ognuno, da tutt'altra parte... e la Luna, ahimè, non bacia più il Sole!

L'unico elemento a non avere un significato specifico, ma che accomuna quasi tutte le scene (oltre alla persona che canta), è... il gatto!

Ma l'ho utilizzato, qua e là, per attirare (non troppo, spero) l'attenzione del Lettore su qualche elemento aggiunto in questa o quella versione dell'illustrazione... ed il suo comportamento, naturalmente, è coerente con quanto rappresentato.

D: Ma, la persona che canta è maschio o femmina?
R: Spero di esser riuscito a conferire a questa persona un aspetto (da dietro) sufficientemente generico da poter essere pensabile sia come uomo, che come donna...

D: Arriveranno altri "Canti per amore"?
R: Ho cominciato a lavorare a queste Prefazione e Postfazione al raggiungimento dei primi 80 canti.
Ecco cosa avevo risposto allora, a questa domanda:
"Penso sia probabile, posto che possa trovare sempre nuove situazioni e trame.
Devo ammettere che tenere traccia di quanto ho già scritto è diventato più difficile, man mano che la collezione cresce..."
Ed ecco cosa rispondo adesso, nell'ultimare questo libro di 123 canti...
Penso sia molto probabile, perché sto continuando a scriverne.
Sono arrivato a 164, nel momento in cui scrivo, cioè una quarantina in più.
Considerando tutto, credo che potrebbe non volermici molto tempo, per "sfornarne" altri 100 e pubblicare un secondo libro.
Quindi, se tutto andrà bene e se le ispirazioni continueranno ad arrivare... sì, potrete leggere altri canti!

A PROPOSITO DELL'AUTORE

Oh, mio bene!

Queste parole
sono come strani specchi,
fatti da qualcuno
che a volte ha versato
sangue, sudore e lacrime
nella sabbia fusa
che avrebbe formato il vetro
nel quale hai guardato

Facebook: @danbergamondo
Instagram: @danbergam
Goodreads: danbergam
Pinterest: danbergam
Twitter: @danbergam
YouTube: danbergam
Zazzle: danbergam

ed ecco perché,
a volte, hai visto il tuo volto,
e, a volte, hai visto il mio

ma, nel primo caso,
ti rivelerò
qualcosa di sorprendente
(o forse no):
chiunque tu sia,
condividiamo qualcosa

Chiamalo cuore,
chiamala anima,
chiamala vita:
questo è,
e così sia